südwest

Dr. med.
Delia Grasberger

# Antistresscoach

## Neue Energie durch die besten Entspannungsmethoden

# Inhalt

# 3 Autogenes Training 42

# 4 Meditation und Visualisierung 60

# Vorwort

Die Gegenwart ist das größte Geschenk des Lebens. Viele Menschen vergessen das, weil sie unentwegt an die Zukunft denken oder sich wegen vergangener Situationen grämen. Wenn Sie sich mit den nachfolgenden Entspannungsübungen bewusst auf die Gegenwart ausrichten, gewinnen Sie an Lebensqualität, der Stress lässt nach, und Sie lernen, Glücksmomente in den Vordergrund zu rücken. Denn Glück ist Gegenwart.

Unser Unbewusstes verfügt über unglaublich viel Energie. Oft versuchen wir, seine Botschaften zu überdecken, meist durch negativen, hausgemachten Stress. Dann fühlen wir uns ausgelaugt und suchen nach einer Erklärung.
Befinden sich aber Bewusstes und Unbewusstes in Übereinstimmung, so fühlen wir uns entspannt und aktiviert und erleben gleichzeitig ein Gefühl des Glücks. In diesem Fall werden wir durch Anforderungen an uns eher aktiviert und empfinden diese nicht als Stress.

In den ersten Entspannungsübungen geht es hauptsächlich darum, Schritt für Schritt mehr Energie aufzunehmen sowie schwungvoller und gelassener durch den Tag zu gehen. Später lernen Sie Ihren gesamten Lebensstil zu beeinflussen und so gesünder und zuversichtlicher durch das Leben zu gehen. Sie lernen dabei, dass nicht Stress unser Leben bestimmt, sondern dass wir bestimmen, welchen Stress wir uns selbst verordnen.

Sobald Sie sich auf den Weg machen, öffnet der Horizont seine Grenzen. Ihr neues Land ist das Unbewusste, dem Sie sich durch Entspannungsübungen nähern. Zugleich lernen Sie „unterwegs“ verschiedene Entspannungsverfahren kennen: Atemübungen, Visualisierungen, Progressive Muskelrelaxation nach Jacobson, Autogenes Training und Meditation. Diese Methoden steigern sich langsam in ihrer Intensität. So ähnelt die Progressive Muskelrelaxation nach Jacobson der Grundstufe des Autogenen Trainings, ist aber körperbetonter und damit leichter zu erlernen. Für letzteres braucht man hingegen mehr Vorstellungskraft, dafür ist es vielseitiger einsetzbar. Die Oberstufe des Autogenen Trainings wiederum ähnelt den Meditationsübungen.

Beherrschen Sie erst einmal die entsprechenden Entspannungsmethoden, können Sie diese jederzeit und vielseitig einsetzen, beispielsweise bei Flugangst, vor einem Meeting oder zur Verbesserung Ihrer Gesundheit. Jeder Tag, an dem Sie eine kleine Entspannungsübung durchführen, bringt einen zusätzlichen Gewinn für die Erholung Ihrer Psyche und Ihres Körpers. Gleichzeitig werden Sie auf diese Weise in die Lage versetzt, sich überall schnell zu erholen und Energie aufzutanken, und Sie bekommen eine entspanntere Lebenseinstellung, die langfristig gesehen zu mehr Glück im Leben führt.

Ich wünsche Ihnen viel Erfolg dabei!

Delia Grasberger

*Dr. Delia Grasberger*

# 1 Kurzentspannung

Kurzentspannungen sind etwas Wunderbares. So können Sie schnell und wann immer Sie wollen Stress abbauen und mehr Lebensfreude gewinnen. Sie brauchen dazu weder Übung noch Talent. Überall und zu jedem Zeitpunkt können Sie sich mit neuer positiver Energie versorgen!

Bauen Sie jeden Tag eine kleine Entspannungspause in den Tagesablauf ein, so werden Sie insgesamt gelassener sein und sich nicht so schnell überfordert fühlen. Ihre Ausstrahlung und Ihre Gesundheit werden es Ihnen danken, während Sie Ihren „inneren Blick" zunehmend schärfen.

Eine Kurzentspannung ist wie ein kleines Geschenk, das Sie sich selbst gönnen. Und der Tag gehört Ihnen!

# Morgens in Schwung kommen

Warum stehen Sie morgens auf? Können Sie es kaum erwarten? Stellen Sie sich einmal vor, Sie liegen noch im Bett und jemand klopft an Ihre Tür. „Ein Paket für Sie", hören Sie die Stimme des Postboten. Schnell springen Sie aus dem Bett, weil Sie neugierig sind und sich freuen. Mit dieser Einstellung fällt es leichter, in den Tag zu starten.
Diese Haltung ähnelt der von Kindern, die überhaupt keine Mühe haben, aus dem Bett zu kommen, solange sie nicht gestresst werden. Medizinisch gesehen wird der Botenstoff Dopamin ausgeschüttet. Er versetzt uns in Vorfreude und lässt uns Gegenstände begehren. Damit es nicht beim Wollen allein bleibt, aktiviert das Dopamin auch unseren Körper. Es treibt uns an, und wir stehen schneller auf. So einfach ist das.

## Übung – Eine kleine Atem- und Vorstellungsübung

Die folgende Übung hilft Ihnen dabei, den neuen Tag relativ stressfrei und wesentlich schwungvoller zu beginnen.

**1** Öffnen Sie die Augen und genießen Sie noch einmal ganz bewusst die angenehme Wärme unter der Bettdecke. Spüren Sie wie herrlich entspannt Ihre Muskulatur jetzt ist.
Dieses entspannte Gefühl werden Sie in den heutigen Tag hinüberretten, indem Sie sich in kleinen Entspannungspausen immer wieder daran erinnern.

**2** Tanken Sie mit einem tiefen Einatmen noch einmal ausreichend Sauerstoff und Energie für den heutigen Tag, halten Sie die Luft drei Sekunden an und atmen Sie ganz langsam aus. Wiederholen Sie diesen Schritt noch zweimal, bevor Sie weitermachen.

**3** Dann dehnen und strecken Sie sich erst einmal ausgiebig und setzen sich langsam auf.

**4** Stellen Sie sich vor, der heutige Tag liegt vor Ihnen, wie ein Paket, dass Ihnen gerade übergeben wurde. Welche positiven Überraschungen mögen darin enthalten sein? Malen Sie sich in

Ruhe und in allen Einzelheiten aus, welche Freuden Sie heute erwarten könnten. Welche negativen Gedanken nehmen Sie hingegen gar nicht erst an und schicken sie gleich mit dem Postboten wieder fort?

**5** Wer freut sich denn heute auf Sie? Falls Sie verliebt sind oder lieben, ist die Frage einfach zu beantworten, und das Aufstehen fällt sowieso leicht. Ebenso können Sie aber auch an Ihre Kinder, gute Freunde oder fröhliche Verwandte denken.

**6** Spannen Sie nun die Muskulatur der Arme fest an, machen Sie eine Faust, beugen Sie die Unterarme und pressen Sie sie fest an den Oberkörper. Danach spannen Sie die Muskulatur der Beine fest an.

**7** Legen Sie sich nochmals auf den Rücken und ziehen Sie die Knie möglichst weit in Richtung Kinn. Diese Position halten Sie einige Sekunden und spannen dabei die Muskulatur des Körpers an.

**8** Dann stehen Sie mit Schwung auf, um sich der Vorbereitung für ein Lieblingsritual zu widmen. Das kann das Aufbrühen von Wasser für einen Kaffee oder Tee sein, das Zurechtlegen der Zeitung oder etwas anderes.

**9** Betrachten Sie den heutigen Tag als eine Herausforderung, die Sie sehr gut meistern werden. Eventueller Stress ist interessant und wird Sie im Leben weiterbringen. Sie werden sich heute weiter entwickeln.

### Für Glücksmomente sorgen

Schreiben Sie sich den folgenden Text ab, hängen Sie ihn an einen gut sichtbaren Platz und lesen Sie ihn jeden Morgen nach dem Aufstehen einmal durch: „Der heutige Tag wird mir wieder Glücksmomente bescheren. Ich werde sie erkennen und kurz innehalten. Auftauchende Probleme werde ich als Herausforderungen sehen, die ich meistere. Mit meinem Körper werde ich fürsorglich umgehen, und er wird es mir danken. Geistig fühle ich mich fit, in meine Arbeit werde ich kreative Momente einfließen lassen, die mir Freude bereiten. Dankbarkeit erfüllt mich für alles, was ich habe und haben werde."

## Interessant & Wissenswert

Statt sich die Decke über beide Ohren zu ziehen, versuchen Sie einmal dem heutigen Stress etwas Positives abzugewinnen. Stress an sich ist nicht nur schlecht. Er kann das Leben auch interessant werden lassen. Was wird wohl heute besonders anregend für Sie werden?

So versetzen Sie sich in Vorfreude, und der Botenstoff Dopamin wird ausgeschüttet. Haben wir unser Ziel dann erreicht, setzt unser Gehirn als Belohnung Endorphine frei. Sie wirken wie Genuss und Vergnügen.

Den folgenden Spruch kennen Sie vielleicht bereits: „Gib jedem Tag die Chance, der schönste in deinem Leben zu sein", sagte Mark Twain. Bekanntlich hielt er sich daran und wurde ein sehr erfolgreicher Schriftsteller.

Ähnlich wie Mark Twain können auch Sie sich für den heutigen Tag eine positive Affirmation, das heißt einen Glaubenssatz, wählen. Suchen Sie sich irgendeine Botschaft aus, die für heute ihre Gültigkeit besitzen soll. Das kann der Satz sein: „Heute werde ich eine interessante Begegnung haben". Oder: „Heute Abend werde ich sehr zufrieden sein, weil ich eine wichtige Aufgabe endlich erledigt habe." Unter diesem Motto wird Ihr heutiger Tag stehen. Welcher Satz das ist, wird Ihr kleines Geheimnis bleiben, damit nicht etwa ein Miesmacher des Weges kommt und Zweifel bei Ihnen sät. Sonst müssten Sie dagegen ankämpfen, und Sie brauchen ja die Energie für sich.

## Was Sie noch tun können

Gehen Sie nach dem Aufstehen zum Spiegel und lächeln Sie sich erst einmal an. Diese Übung wiederholen Sie von nun an jeden Tag, und Sie werden sehen, ab dem vierten Tag fällt es Ihnen immer leichter, und Sie freuen sich bereits darauf. So fängt der Tag viel motivierter an.

Legen Sie sich ein kleines Ritual zu, auf das Sie sich jeden Tag freuen können. Für den einen ist es eine Tasse Tee, andere freuen sich über den Kaffeeduft, der langsam in die Nase steigt. Oder man freut sich, wenn man Kinderschritte auf der Treppe hört.

Außerdem sollten Sie in den heutigen Tagesablauf irgendeine Sache einbauen, auf die Sie sich freuen. Das ist dann sozusagen die Belohnung dafür, dass Sie heute aufgestanden sind.

Es kann sein, dass Sie etwas nachdenken müssen. Schließlich haben Sie diese Gewohnheit noch nicht eingeübt. Es muss auch keine großartige Angelegenheit sein, für den Anfang genügt auf jeden Fall eine Kleinigkeit, ein Spaziergang oder ein Telefonat mit einer Freundin, die Sie schon seit Jahren nicht mehr gesprochen haben.

Warum schaffen es kleine Kinder so mühelos aufzustehen, solange man ihnen keinen Stress macht? Weil sie neugierig auf den Tag sind und auf keinen Fall etwas verpassen möchten. Vielleicht können wir von den Kindern etwas lernen. Wir wissen ja wirklich nicht, ob der Tag so ablaufen wird wie in unserer Fantasie oder ob nicht doch etwas geschieht, das für uns spannend und neu sein wird. Und vielleicht geben wir unserem Leben von heute an eine neue Richtung, indem wir glücklicher und gelassener unsere Zukunft gestalten werden. Den ersten Schritt dazu haben Sie bereits mit dem Aufstehen geschafft. In diesem Fall können Sie eine Affirmation von Emil Coué, einem französischen Apotheker und Hypnotiseur, verwenden, die lautet: „Es geht mir jeden Tag und in jeder Hinsicht immer besser und besser.“ Natürlich wird es eine gewisse Zeit dauern, bis diese Botschaft in Ihrem Unterbewusstsein angekommen ist. Rechnen Sie mit mindestens drei Monaten und geben Sie nicht auf. Dann ist es möglich, dass es Ihnen tatsächlich in verschiedener Hinsicht immer besser geht.

## Noch ein Tipp

Nehmen Sie sich am Vorabend vor, zu einer ganz bestimmten Uhrzeit aufzuwachen, und programmieren Sie mit diesem Vorsatz Ihr eigenes Unterbewusstsein. Mit ein wenig Übung können Sie es schaffen, zum Beispiel exakt um 6.56 Uhr aufzuwachen. Als Nächstes trainieren Sie Ihr Unterbewusstes darauf, fröhlich aus dem Bett zu springen, wenn Sie tatsächlich zu dieser Zeit aufwachen. Dazu malen Sie sich die Situation dieser „Punktlandung“ in den schönsten Farben aus.

### Basics

- Betrachten Sie den Tag als neue Herausforderung.
- Wecken Sie Vorfreude in Ihnen.
- Lächeln Sie sich selbst im Spiegel zu.
- Beginnen Sie mit einem kleinen Ritual.

# Die schnelle Energiedusche

Wie schaffen es Menschen, wahre Energiebündel zu sein? Können wir das auch? Wie tanken wir am besten Energie? Was können wir von diesen Menschen lernen?
Zum einen haben sie ihre wahren Ziele im Leben gefunden und begeistern sich dafür. Zum anderen haben sie einen guten Kontakt zu ihren Mitmenschen und schaffen es, diese mit ihrer Euphorie anzustecken. Sie sind im Einklang mit ihrem Leben und strahlen das auch aus. Dadurch wirken sie entspannt, selbst wenn sie sich anstrengen. Sie nehmen sich auch genügend Zeit für sich selbst.
In diesem Sinne helfen auch uns kurze Minipausen zum Auftanken, egal, ob wir den Kilimandscharo besteigen oder unsere tägliche Arbeit verrichten. Ein energiegeladener Mensch hat auch eine ganz andere Ausstrahlung. Das kann vor einem Meeting durchaus nützlich sein, denn wenn es um Fakten geht, muss man einfach präsent sein.

## Übung 1 – Poweratmung

Wenn Sie sich kraft- und energielos fühlen, gibt die Poweratmung wieder Energie. Besonders wichtig ist dabei eine intensive Bauchatmung und das Ausatmen.

**1** Bewegen Sie sich. Diese Atemübung funktioniert am besten im Gehen.

**2** Atmen Sie 3 Schritte lang durch die Nase ein. Achten Sie darauf, dass die Luft bis in den Bauchraum vordringt. Der Bauch sollte sich beim Einatmen vorwölben.

**3** Jetzt atmen Sie 4 bis 5 Schritte geräuschvoll durch den Mund wieder aus. Wiederholen Sie die Übung fünfmal. Dann arbeiten Sie weiter.

## Übung 2 – Aktivieren Sie Ihre Energiepunkte

Jeder Mensch kann sich seinen persönlichen Energiepunkt suchen, an den er denkt, wenn er sich wieder mit Energie aufladen möchte. Das kann zum Beispiel ein Punkt in der Mitte des Brustbeins sein, oder auch ein anderer Punkt, an dem Sie Ihre Energie „ankern“. Es kann genauso ein Punkt außerhalb des Körpers sein.

1 Nehmen Sie eine entspannte Sitzhaltung ein und schließen Sie die Augen.

2 Während Sie gleichmäßig ein- und ausatmen, stellen Sie sich vor, dass Sie innerlich immer ruhiger werden.

3 Nun stellen Sie sich vor, dass Sie Ihren persönlichen Energiepunkt aktivieren. Mit jedem Ein- und Ausatmen gibt er mehr und mehr Energie an Sie ab. Sie können sich die Energie als orangefarbenes Licht vorstellen, das sich langsam in Ihrem gesamten Körper ausbreitet. Mit jedem Einatmen strömt mehr und mehr Licht in den Körper.

4 Mit einigen kräftigen Atemzügen bewegen Sie die angespannten Unterarme ein paar Mal hin und her. Öffnen Sie die Augen. Registrieren Sie kurz den energetischen Unterschied im Vergleich zu vorher.

## Übung 3 – die schnelle Energiedusche

1 Stellen Sie sich vor, dass sich über Ihrem Kopf ein Duschkopf befindet.

2 Schließen Sie die Augen und stellen Sie sich vor, dass nun warme, goldgelbe und positiv geladene Energie auf Sie herabrieselt. Sie spüren dieses angenehme Gefühl.

3 Nehmen Sie einige tiefe Atemzüge. Fühlen Sie, wie Sie alles Belastende aus- und Energie und Kraft einatmen.

4 Nach dieser Übung blicken Sie sich langsam wieder im Raum um und fangen wieder an, Anteil am Tagesgeschehen zu nehmen.

### Jemanden anlächeln

Suchen Sie sich den Kollegen in Ihrer Umgebung aus, der Ihnen am energiegeladensten erscheint, und verständigen Sie sich kurz mit einem Lächeln. Sie werden überrascht sein, wie gut Sie sich beide nach kurzer Zeit fühlen.

## Interessant & Wissenswert

Kennen Sie die Japanerin Shino Mori? Falls nicht, haben Sie etwas versäumt. Frau Mori hat vor einem Jahr begonnen, wieder zu arbeiten. Da war sie gerade 102 Jahre alt geworden. Als Fernsehreporterin interviewt sie einmal wöchentlich für den Fernsehsender Amaxa-TV verschiedene Menschen in ihrem Land. Donnerstags wird die Sendung ausgestrahlt, und die Menschen stehen staunend und fasziniert vor dem Bildschirm, egal, ob sie sich zu Hause oder in einem Frisiersalon befinden. Die Frau wirkt energiegeladen und voll ansteckender Fröhlichkeit und Herzlichkeit. Letzteres ist auch der Grund, dass es ihr so gut geht und dass sie so viel Erfolg hat. Und mit ihrem Charme begeistert sie die Menschenmassen. Wie hat sie es nur immer geschafft? Befragt man sie dazu, lacht sie einfach.

Jeder von uns möchte im Grunde genommen nur wissen, wie wir es schaffen können, fröhlich, entspannt, gesund und immer voller Energie zu sein. Die Antwort darauf ist gar nicht so schwer: Voller Energie sind auf Dauer nur Menschen, die die richtige Balance zwischen Höchstleistung und Tiefenentspannung und zwischen beruflichem und privatem Leben gefunden haben.

## Was Sie noch tun können

Lebensenergie bekommt man zwar leider nicht auf Rezept, aber mit ein wenig Aufwand lassen sich für jeden gute Erfolge in dieser Hinsicht erzielen:

### 1. Tiefenentspannung

Auch der Steinzeitjäger war nicht ständig auf Leistungsbereitschaft, also Flucht oder Angriff, eingestellt. Aber im Büro sind manche Leute so angespannt, als müssten sie ständig einen Leoparden erlegen.

Erlernen Sie deshalb die Fähigkeit, schnell und intensiv zu entspannen. Suchen Sie sich die Entspannungsmethode aus, die Ihnen am besten liegt. Das kann beispielsweise das Autogene Training, die Progressive Muskelrelaxation nach Jacobson oder eine einfache Atem- oder Visualisierungsübung sein.

### 2. Powersätze

Legen Sie sich maßgeschneiderte Powersätze zurecht, die Sie im Anschluss an eine Entspannungsübung wirken lassen können und die Sie rasch in eine gute Stimmung und Leistungsbereitschaft versetzen.

### 3. Analysieren Sie Ihre Stressreaktionen

Wie haben Sie bisher auf bestimmte Stresssituationen reagiert?

Welche Angstfantasie könnte dahinter gesteckt haben?

Wie könnten Sie künftig in diesen Situationen reagieren, ohne in Stress zu geraten?

Malen Sie sich aus, welchen Erfolg Sie haben könnten, wenn Sie künftig anders reagieren. Belohnen Sie sich und Ihr Unbewusstes mit Vorfreude.

### 4. Belohnen Sie sich nach jedem Erfolg

Jede gute Leistung verdient eine Belohnung. Nur dadurch lernt Ihr Unbewusstes, dass es sich lohnt, Erfolg zu haben. Tun Sie also irgendetwas, dass Ihnen besondere Freude bereitet: Feiern Sie mit Freunden, erfüllen Sie sich einen lang gehegten Wunsch.

### 5. Suchen Sie positive Menschen auf

Umgeben Sie sich mit Menschen, die dem Leben positiv gegenüberstehen und für Sie anregend sind, zum Beispiel weil sie kreativ und kommunikativ sind.

Die ewigen Nörgler sollten Sie hingegen meiden, denn so etwas kann auf Dauer ansteckender sein als eine Grippe. Gegenseitige Sympathie erhöht hingegen zusätzlich den Energiepegel erheblich. Beobachten Sie sich einfach, bei welchen Kontakten Sie sich hinterher besser fühlen. Diese Freunde bekommen einen roten Kringel im Adressbuch.

### 6. Lassen Sie sich von bedeutenden Persönlichkeiten anregen

Lesen Sie Biografien, schauen Sie Filme an und gehen Sie in Vorträge von Menschen, die Ihnen ganz besonders imponieren.

Fragen Sie sich dann, welche Eigenschaften diese Menschen ausmachen und woher sie sich ihre Energie holen.

### Basics

- Aktivieren Sie Ihre Energiepunkte.
- Entspannen Sie zwischendurch.
- Bilden Sie Powersätze.
- Überprüfen Sie Ihre Stressreaktionen.
- Tun Sie sich öfter etwas Gutes.
- Meiden Sie negativ denkende Menschen.
- Lassen Sie sich von herausragenden Lebensläufen inspirieren.

# Alles stürmt auf mich ein!

Hat man ständig das Gefühl, die Zeit reicht nicht, um alle Aufgaben termingerecht zu erledigen, so wird im Fünf-Minuten-Rhythmus ein Signal zur Adrenalinproduktion gestartet. Damit wird der Körper jedes Mal zur Höchstleistung vorbereitet, ohne sie wirklich zu erbringen. Langfristig führt diese Überforderung zu den bekannten Stresskrankheiten und zum Burnout. Wir erleben uns dann immer mehr als Opfer der Situation, da wir selbst nicht mehr mitbestimmen können, wann wir mit den Aufgaben fertig sind.

Wie schaffen wir es wieder, wie Phönix aus der Asche aufzutauchen? „Distanz gewinnen" heißt das Zauberwort. Während wir uns entspannen, orientieren wir uns wieder neu und setzen leichter Prioritäten.

## Übung 1 – Belastendes ausatmen, Energie einatmen

Auch durch ein tiefes und ruhiges Atmen können wir Distanz zur Situation schaffen.

**1** Stellen Sie die Füße nebeneinander auf den Boden und lassen Sie die Arme hängen.

**2** Atmen Sie einmal ruhig und tief ein (etwa 2 Sekunden lang) und ganz langsam (etwa 3 Sekunden lang) wieder aus. Lassen Sie beim Ausatmen alles, was Sie anstrengt, vom Kopf über die Arme und weiter über den Rücken, die Beine und Füße in den Boden fließen. Spüren Sie dabei Ihre Fußsohlen, die fest auf dem Boden stehen. Versuchen Sie sich vorzustellen, wie alles Schwere, was Ihren Kopf belastet, über die Füße den Körper verlässt.

**3** Machen Sie eine Atempause (etwa 2 Sekunden) und wiederholen Sie die Übung dann so oft, bis sich ein spürbares Wohlbefinden einstellt. In der Regel tritt das angenehme Gefühl bereits nach einer Minute ein.

**4** Nun tanken Sie beim Einatmen wieder neue Kraft und Energie.

## Übung 2 – wechseln Sie den Blickwinkel

Mit größerem Abstand kommen einem die Probleme merklich kleiner vor.

1 Während Sie am Schreibtisch sitzen, stellen Sie sich vor, dass Sie jetzt die Perspektive wechseln. Ein Teil Ihrer Seele erhebt sich und betrachtet die Situation, in der Sie sich befinden, von oben. Sie blicken aus der Vogelperspektive auf Ihren Arbeitsplatz herunter. Da man von dort einen besseren Überblick hat, erweitert sich Ihr Horizont.

2 Stellen Sie sich einen Weg vor, der in die Zukunft führt, wobei Sie diesen Ort mit hellen und warmen Farben ausstatten.

3 Während Sie nun in Gedanken diesen Weg beschreiten, sehen Sie die Anforderungen, die unterwegs von allen Seiten auf Sie einstürmen.

4 Einige der Aufgaben sind nicht so wichtig und verlieren an Bedeutung. Sie lassen sich schnell, mit minimalem Kraftaufwand, praktisch im Vorbeigehen erledigen.

5 Aufgaben, die für Ihre Zukunft wichtig sind, beanspruchen hingegen mehr Aufmerksamkeit und Zuwendung.

6 Plötzlich liegt der Weg wieder klar vor Ihnen, und Sie sind es, der ihn beschreitet. Damit sind Sie wieder in einer aktiven Rolle und selbstbestimmt. Ein Teil der Aufgaben verliert dadurch an Wichtigkeit.

7 Versuchen Sie sich nun vorzustellen, was für ein schönes Gefühl es sein wird, wenn Sie alles geschafft haben, was Sie sich vorgenommen haben. Mit diesem Gefühl gehen Sie dann wieder an Ihre Arbeit, und es wird Sie mit Sicherheit beflügeln.

### Das Wichtige erkennen

„Zu viel Fleiß im Kleinen macht meistens unfähig zum Großen", sagte der französische Schriftsteller François de La Rochefoucauld. Denn der Tag hat nur 24 Stunden. Konzentrieren Sie sich mehr auf die Dinge, die für Ihr Leben wirklich wichtig sind. Entspannen Sie zwischendurch, dann geht vieles leichter.

## Interessant & Wissenswert

Ab und zu wäre es schön, eine Schildkröte zu sein, um sich zurückziehen zu können. Gerade in Zeiten, in denen Dauerbeschallung, ein voller Terminkalender und Informationsüberflutung ungebremst auf uns einstürmen, bis wir das Gefühl haben, dass wir pausenlos reagieren und trotzdem kein Ende abzusehen ist. Wir haben das Gefühl, die Orientierung zu verlieren, wir funktionieren nur noch und schaffen unser Pensum trotzdem nicht. Wir haben das Gefühl, der Stress bildet eine Mauer um uns herum.

Ein chinesisches Sprichwort besagt: „Wenn du auf der Stelle trittst, durchbrich den Kreis." Falls Sie sich also überrollt fühlen, handelt es sich in Wirklichkeit um einen Stillstand. Ihnen ist die Hauptorientierung verloren gegangen, die Durchsetzungskraft fehlt, und Ihr soziales Netz trägt Sie nicht.

## Was Sie noch tun können

**1. Die Hauptorientierung wiederherstellen**

Stürmt alles auf Sie ein, sind Sie nach kurzer Zeit „zu nah am Geschehen" und können sich nicht mehr genug abgrenzen. Ähnlich, wie man ein Bild auch nicht aus zehn Zentimetern Abstand betrachten kann, haben auch Sie die nötige innere Distanz verloren.

Eine kurze Entspannungspause stellt diesen Abstand wieder her und wird Ihnen helfen, die wichtigen von den unwichtigen Aufgaben zu unterscheiden.

Nach dieser Pause gehen Sie mit gezieltem Zeitmanagement an die Arbeit und erledigen die Aufgaben in einer bestimmten Reihenfolge:

**Typ 1** Hierbei handelt es sich um Aufgaben, die sich am schnellsten erledigen lassen, so dass Sie in sehr kurzer Zeit Erfolgserlebnisse haben. Diese Aufgaben erledigen Sie gleich, da Sie dadurch motiviert werden, weiterzumachen.

**Typ 2** Diese Aufgaben sind besonders wichtig für Sie und Ihr weiteres Leben. Von den Ergebnissen hängt ab, ob sich Ihr Leben in der gewünschten Richtung entwickelt. Diese Aufgaben werden manchmal zu Unrecht nach hinten verschoben, dadurch geht wertvolle Energie verloren, und Sie müssen mehr ungeliebte Aufgaben übernehmen, als Ihnen eigentlich lieb ist.

**Typ 3** Diese Aufgaben bieten eine Herausforderung. Wenn Sie sich ihnen widmen, spüren Sie hinterher ein tiefes Gefühl der Erleichterung, dass Sie es endlich geschafft haben. Sie erledigen diese Aufgaben sorgfältig und in aller Ruhe, da Sie unter Umständen sehr viel Zeit dafür brauchen werden.

**Typ 4** Übrig bleiben Aufgaben, die lästig sind, aber trotzdem gemacht werden müssen. Bei der Erledigung investieren Sie nur so viel Kraft, wie unbedingt nötig ist.

### 2. Die Durchsetzungskraft wiederherstellen

Eignen Sie sich Techniken an, um unmissverständlich, aber sanft „Nein" zu sagen. Dazu gehört, dass man vor seiner Absage dem anderen sein Verständnis signalisiert, indem man beispielsweise sagt: „Ich verstehe, dass Sie Stress haben, aber leider habe ich im Moment etwas Dringendes zu erledigen."

Eine weitere Möglichkeit, das Nein abzufedern, besteht darin, sich für das entgegengebrachte Vertrauen zu bedanken. Oder Sie reagieren einfach mit einem Gegenvorschlag: „Jetzt sehe ich leider keine Möglichkeit, Ihnen zu helfen, aber wir könnten gemeinsam mit Herrn Müller besprechen, ob er die Aufgabe vielleicht übernehmen kann."

### 3. Verbessern Sie Ihr soziales Netz

Als ich in der Klinik arbeitete, kam es immer wieder vor, dass sich Kollegen zunehmend überlastet fühlten. Gehetzt liefen sie durch die Gänge und waren frustriert, weil sie das Gefühl hatten, alles im Alleingang erledigen zu müssen. Anscheinend ruhten sich die anderen Kollegen viel mehr aus.

In Wirklichkeit stimmte aber nur die Kommunikation nicht. Es stellte sich schnell heraus, dass es nämlich allen ähnlich ging, was bereits eine Entlastung mit sich brachte. Dann wurden gemeinsam Lösungsmöglichkeiten gesucht, und alle fühlten sich wesentlich besser. Die Arbeit ließ sich wieder energiegeladener, fröhlicher und effizienter erledigen.

**Basics**

- Unterscheiden Sie zwischen wichtigen und unwichtigen Aufgaben.
- Sagen Sie auch mal „Nein".
- Verbessern Sie die Kommunikation in Ihrem sozialen Netz.

# Ein Spaziergang für die Augen

Wir brauchen unsere Augen ständig, ohne dass wir uns dessen bewusst sind. Aber beim stundenlangen konzentrierten Arbeiten am Bildschirm ermüden unsere Augen genauso wie beim Autofahren über einen längeren Zeitraum. Die Augenmuskeln benötigen für ihre Arbeit ein Viertel aller vom Körper bereitgestellten Energien.

Deshalb leiden viele Menschen mit vollkommen intakter Sehkraft an überanstrengten Augen. Sie spannen ihre Augen zu sehr an. Stehen die Augenmuskeln unter Dauerspannung, greift die Anspannung auf andere Muskeln über, es kann zu Schmerzen im Kopf- und Nackenbereich kommen.

Auch die Augen selbst werden ohne die nötige Entspannung geschädigt, da sich der Augeninnendruck bei Stress erhöht. Mit einer kurzen Entspannung zwischendurch bleiben Ihre Augen gesund.

## Übung 1 – Training für die Augen

**1** Sie setzen sich an den Schreibtisch, stützen die Ellenbogen auf den Tisch und schließen die Augen. Sie beugen den Kopf nach vorn und legen ihn in Ihre Hände. Dabei stützen Sie die Handballen auf dem Jochbein ab und verdunkeln die Augenhöhle mit den Händen.

**2** Innerlich sagen Sie sich immer wieder: „Locker lassen, locker lassen. Meine Augenlider sind völlig entspannt. Ich sehe vor mir die Dunkelheit und lasse sie einfach auf mich wirken. Kurzzeitig wollen Bilder, Farben oder Gedanken auftauchen, aber ich konzentriere mich auf die Dunkelheit. Immer wieder lasse ich sie zurückkommen. Ich versinke ganz und gar in der Dunkelheit."

**3** Bei geschlossenen Augen malen Sie mit den Augäpfeln ein Unendlichkeitszeichen, also eine liegende Acht. Dabei werden die Augenmuskeln gleichmäßig entspannt. Diese Übung wiederholen Sie fünfmal.

**4** Nun lassen Sie die Hände sinken, öffnen die Augen und nehmen ganz bewusst wahr, wie hell alles um Sie herum ist.

## Übung 2 – Erholung für die Augen

**1** Betrachten Sie einen Gegenstand in Ihrer unmittelbaren Nähe, beispielsweise auf dem Schreibtisch.

**2** Blicken Sie dann an einen entfernten Punkt, etwa indem Sie aus dem Fenster sehen. Dieser neue Fixpunkt bringt für das Auge eine aktive Entspannung, die sich wohltuend auf die Muskulatur auswirkt.

**3** Wählen Sie jetzt wieder einen Gegenstand, der vor Ihnen auf dem Schreibtisch liegt, und betrachten Sie ihn in seinen Einzelheiten.

**4** Wählen Sie nun einen Gegenstand, der sich irgendwo im Raum befindet, zum Beispiel ein Regal, und betrachten Sie es wenige Sekunden.

**5** Nun betrachten Sie irgendetwas an Ihrem Körper: die Fingernägel, Ihre Füße oder die Uhr am Handgelenk.

**6** Suchen Sie jetzt etwas in Ihrer Umgebung, das Ihre Laune hebt und Ihnen Freude bereitet. Das können Blumen sein oder ein schönes Bild. Die Entspannung Ihrer Psyche überträgt sich wohltuend auf die Augenmuskulatur.

**7** Nun kehren Sie langsam mit den Augen wieder zu Ihrer Arbeit zurück und beenden damit die Übung.

### Die Augen aktiv bewegen

Zwischen dem Auge und dem Gehirn besteht eine enge anatomische Verbindung. Entwicklungsgeschichtlich sind Netzhaut und Sehnerv unseres Auges Teile des Gehirns. Daraus lässt sich ableiten, dass Seheindrücke unmittelbar zu Gefühlsreaktionen führen: Beispielsweise weint man, wenn man einen traurigen Film im Kino sieht, oder die Pupillen weiten sich, wenn man Angst bekommt. Folglich sind die Augen viel beweglicher, als es stundenlanges Starren auf den Bildschirm erfordert. Damit nach einigen Jahren keine Fehlhaltungen der Augenmuskulatur entstehen, müssen Sie Ihre Augen immer wieder aktiv bewegen.

## Interessant & Wissenswert

Stress kann unsere Augen auf Dauer krank machen. Sie sind von der Natur einfach nicht dafür ausgestattet, stundenlang auf die gleiche Entfernung ausgerichtet zu sein, so wie das unsere Arbeit im Büro von uns verlangt. Bildlich dargestellt ist das im Klischee vom kurzsichtig gewordenen Professor. Die Augenmuskulatur wird ständig einseitig angespannt, und es gibt keinen Ausgleich. Irgendwann wundern wir uns dann über unsere Kopfschmerzen. Dabei liegt auf der Hand, dass sich die nervöse Angespanntheit der Augenmuskulatur auf unsere übrige Kopfmuskulatur überträgt und dadurch Spannungskopfschmerzen ausgelöst werden.

Auch das Auge selbst wird durch die einseitige Belastung geschädigt. Die Folgen können Irritationen beim Sehen, Reizungen und Entzündungen des Auges sein, die sich als Rötung, Schwellung der Augenlider, aber auch verminderte oder vermehrte Tränenabsonderung manifestieren.

Gleichzeitig erhöht sich durch den Stress der Augeninnendruck. Dieser sollte regelmäßig durch Entspannung wieder gesenkt werden, um einem Glaukom vorzubeugen. Untersuchungen von Professor Dr. Ilse Strempel an der Philipps-Universität Marburg haben belegt, dass ein krankhaft erhöhter Augeninnendruck, der unbehandelt zur Zerstörung des Sehnervs und zur Erblindung führt, durch Autogenes Training oder Hypnose gesenkt werden kann.
Bestimmte im Hirnstamm gebildete Wachstumsfaktoren, die für den Schutz der Netzhaut wichtig sind, können bei erhöhtem Augendruck, beziehungsweise verminderter Durchblutung die Netzhaut unseres Auges nicht mehr erreichen. Dadurch wird die Netzhaut des Auges nachhaltig geschädigt.

## Was Sie noch tun können

Eine ganz einfache Möglichkeit bietet der kurze Spaziergang zwischendurch. Unterwegs sind Sie einfach gezwungen, Ihr Auge immer wieder auf unterschiedliche Entfernungen einzustellen. Gleichzeitig nehmen Sie die unterschiedlichsten Farben und Formen wahr und bewegen Ihr Auge dabei ständig hin und her, ohne sich dessen bewusst zu sein.
Da Auge und Gehirn entwicklungsgeschichtlich eng zusammenhängen, wird sich das positive

Gefühl Ihrer Augen danach auch auf Ihre Psyche übertragen. Seheindrücke sind nämlich eng mit Gefühlseindrücken gekoppelt.

Auch in der Traumatherapie gibt es eine neue Richtung, die ein schnelles Hin- und Herbewegen der Augenmuskulatur anwendet. Die so genannte EMDR-Technik (Eye Movement Desensitization) basiert auf der folgenden Grundlage: Starrt man längere Zeit auf einen Punkt, wie das bei Gefahr der Fall ist, wird das sympathische Nervensystem aktiviert, das dann die Leistungsbereitschaft steigert. Das passiert zum Beispiel, wenn Sie ununterbrochen Auto fahren oder auf den Bildschirm starren.
Wenn man beide Augen hingegen mehr bewegt, hat dies auf uns einen beruhigenden Effekt, da unser parasympathisches Nervensystem, das für Ruhe und Regenerierung zuständig ist, angeregt wird.

Entdeckt hat dieses Verfahren Francine Shapiro auf eine ganz zufällige Art und Weise:
Als sie eines Tages durch den Park ging, merkte sie, dass bestimmte belastende Gedanken, die sie den ganzen Tag verfolgt hatten, auf einmal verschwunden waren. Zudem fiel ihr auf, dass diese Gedanken, wenn sie sich wieder absichtlich daran erinnerte, nicht mehr so belastend und real bedrohlich wirkten wie zuvor.
Das Überraschende daran war, dass sie bewusst nichts unternommen hatte, um dies zu erreichen. Frau Shapiro versuchte sofort dem Phänomen auf die Spur zu kommen. Schließlich bemerkte sie, dass ihre Augen immer spontan anfingen, sich sehr schnell auf einer Diagonalen hin und her zu bewegen, wenn sie an diese Probleme dachte.
Danach verschwanden die Gedanken, und wenn sie sich diese wieder in Erinnerung rief, war die mit ihnen verbundene Emotion sehr stark verringert.

Warum sollten Sie also diese Möglichkeit nicht nutzen, um Stress abzubauen?

### Basics

- Verändern Sie zwischendurch den Blickpunkt.
- Bauen Sie kleine Entspannungspausen ein.
- Machen Sie hin und wieder einen Spaziergang.

# Think Pink – die Motivation wecken

Was bewegt Menschen, auf den Mount Everest zu steigen? Sie haben das positive Bild im Kopf, auf dem Berggipfel zu stehen und ihr Ziel erreicht zu haben. Von diesem Gedanken werden sie so sehr beflügelt, dass sie Anstrengungen, Strapazen und Gefahren überstehen. Nun gibt es natürlich auch Aufgaben, die weniger Anerkennung bieten und dennoch erledigt werden müssen. Die nachfolgende Übung soll Ihnen dabei helfen, wieder schwungvoll an die Arbeit zu gehen.

## Übung – eine Verankerung des Positiven

Gönnen Sie sich mit nachfolgender Übung eine kleine Auszeit, wenn Sie das Gefühl haben, dass Ihnen etwas schwerfällt oder Sie nicht so richtig vorankommen. Sie können dadurch Ihr Unterbewusstsein wieder mit positiven, angenehmen Zielbildern aufladen.

1 Malen Sie sich das Ergebnis Ihres Handelns mit allen positiven Folgen deutlich aus. Formulieren Sie die Folgen in Sätzen, wie zum Beispiel: „Wenn ich mich heute aufraffe und zum Salsakurs anmelde, werde ich viele neue Menschen treffen. Ich werde abends fröhlich sein und viel Spaß haben."

2 Jetzt malen Sie sich alle negativen Folgen Ihres Nichthandelns deutlich aus:
„Wenn ich nicht zum Salsakurs gehe, bin ich ein Langweiler und verpasse viel Spaß im Leben. Ich bin viel häufiger müde und ausgelaugt, weil es mir an schwungvoller Energie fehlt. Mein Körper wird immer schlaffer, und ich grüble über tausend Dinge, ohne dass etwas Sinnvolles dabei herauskommt."

3 Nun fangen Sie an, die negativen Seiten Ihres Unterlassens bewusst zu übertreiben und zu dramatisieren. Sie stellen sich bildlich vor, wie Sie sich einigeln und zurückziehen, alles Lebendige als Stress empfinden und sich gleichzeitig dafür verurteilen, dass Sie am Leben vorbeileben, obwohl es so einfach wäre, aktiv zu sein.

**4** Zum Schluss übertreiben Sie die positiven Seiten Ihres Ziels. Sie stellen sich beispielsweise vor, wie Sie an Ausstrahlung gewinnen, neue Kontakte knüpfen, fröhlicher werden und wie sich diese ansteckende gute Laune auf alle Bereiche überträgt: auf die Arbeit, auf die Partnerschaft und ihr gesamtes Umfeld.

**5** Sie entspannen sich kurz noch einmal, schließen die Augen, lassen diesen Film vor Ihrem inneren Auge ablaufen. Sie verändern den Film so lange, bis Sie spüren, dass Sie dieses Ziel unbedingt erreichen möchten. Nun kehren Sie wieder in die Realität zurück.

Anstelle des Salsakurses werden Sie natürlich ein Ziel anstreben, das Ihnen persönlich am Herzen liegt. Sie können diese Übung aber ebenso auf ein bestimmtes Ziel in Ihrer Arbeit übertragen. Probieren Sie diese Methode erst bei kleineren Zielen aus und nehmen Sie sich dann immer größere Projekte vor. Aber bleiben Sie vor allem locker, denn zu den Motivationsstörungen gehört auch das Streben nach absoluter Perfektion, wodurch man manchmal verkrampft. Dann ist es gut, sich durch einen Freund wieder beruhigen zu lassen.

### Für mehr Motivation sorgen

Überlegen Sie, wovon Sie sich am meisten motivieren lassen. Zum Beispiel von Lob und Anerkennung? Stellen Sie Ihre persönliche Motivationsliste auf.

### Den Widerstand bekämpfen

Wenn Sie etwas Neues vorhaben und ein innerer Widerstand auftaucht, dann geben Sie ihm eine Gestalt. Eine Form, eine Farbe, eine Größe ... Sie können ihn auch auf ein Blatt Papier malen. Diesen Widerstand fangen Sie nun an zu bekämpfen. Beschimpfen Sie ihn, bis Sie ihn besiegt haben.

### Die Zufriedenheit spüren

Malen Sie sich bildlich aus, wie Sie sich Ihrer Aufgabe bereits gewidmet haben und welches Ergebnis Sie erreicht haben. Kosten Sie ganz diese tief sitzende Zufriedenheit aus, die sich einstellt, wenn Sie es endlich geschafft haben.

## Interessant & Wissenswert

Think Pink, das reimt sich nicht nur, das klingt auch nach guter Laune. Und davon können wir jeden Tag eine große Portion gebrauchen. Bei der morgendlichen Verspätung der U-Bahn, beim Schlangestehen, wenn der Kollege nervt und die tägliche Routine langweilt. Oder wenn Sie morgen endlich mit Ihren guten Vorsätzen beginnen wollen.

Mit eiserner Willenskraft können wir viel erreichen, aber welche Anstrengung kostet das? Mit „Think Pink" erreichen Sie unmittelbar Ihr Gute-Laune-Zentrum. Sie sind motiviert, und alles geht wie von selbst. Just do it!

Das Prinzip ist ganz einfach: Was immer Sie tun, machen Sie es mit Leidenschaft, Gefühl und Motivation. Willenskraft dagegen ist Zwang und Widerstand. Nur mit dem Glauben an sich, der inneren Überzeugung und mit der Unterstützung des Unbewussten kann Großes gelingen. Denn das Unbewusste ist stärker als der Wille. Ich will jetzt schlafen, aber ich bin noch gar nicht müde. Merken Sie, wie Sie sich damit programmieren, wach zu bleiben?

„Think Pink" ist eine gute Methode, um sich den Beistand des Unbewussten zu sichern.

## Was Sie noch tun können

### Zeigen Sie Begeisterung

Wir besitzen eine große Anzahl von Nervenzellen (Neuronen) – zum Zeitpunkt unserer Geburt sind es 120 Milliarden! Im Laufe unseres Lebens werden die Nervenzellen kontinuierlich abgeschaltet. Sind es zu viele, werden wir depressiv und motivationslos. Aufgrund der Neuroplastizität unseres Gehirns können wir die Neuronen durch eine anregende Umgebung und soziales Lernen aber wieder aktivieren. Damit sinkt die Depression, die Motivation steigt und wir gewinnen neue Lebensfreude.

### Beginnen Sie mit einem Ritual

Ein Ritual schafft einen leichteren und damit besseren Einstieg, die Sorgen treten erst einmal in den Hintergrund. Viele Schriftsteller legen sich so ein kleines Ritual zu: Der eine streichelt erst seine Katze, der andere muss ausgiebig frühstücken oder langsam eine Tasse Tee trinken ... Vielleicht haben Sie ja bereits „unbewusst" ein solches Ritual und haben es bisher nur noch nicht gemerkt?

### Malen Sie sich das Ergebnis aus

Was motiviert Sie nun bei Ihrer Aufgabe ganz speziell? Je klarer Ihre Vorstellungen sind, umso leichter stellt sich das Ergebnis ein. Der Bergsteiger Reinhold Messner sagte einmal, dass er – bildlich gesprochen – jeden Abend seinen zukünftigen Berg mit ins Bett nehme.

### Bilden Sie Etappenziele

Falls Ihnen das Ziel zu groß erscheint, unterteilen Sie es in einzelne Etappenziele. Vielleicht macht Ihnen ja eine Präsentation ein wenig Angst, aber es ist doch nicht schwer, erst einmal „nur" einen Anfang zu formulieren. Das kann unter Umständen sogar Spaß machen.

### Werden Sie sich Ihrer inneren Motive bewusst

Das Ziel, die Neugier und das Interesse sind innere Motive, während Anerkennung, Belohnung und Gruppendruck meist von außen an einen herangetragen werden.
Die inneren Motive sind tragfähiger, dauerhafter und effektiver.

### Belohnen Sie sich nach Teilerfolgen

Vergessen Sie nicht, sich nach jedem Etappenziel angemessen zu belohnen, wobei der Lohn dem Ziel entsprechen sollte. Ist es ein kleiner Erfolg, gibt es eine kleine Belohnung, beispielsweise einen Schokoriegel, ist der Erfolg größer, kann es eine Reise oder die Erfüllung eines lang gehegten Wunsches sein. Jeder erlebte Erfolg verstärkt die Motivation.

### Erledigen Sie zuerst die kleinen Aufgaben

Wenn Sie diese Aufgaben zuerst erledigen, können Sie sich über Teilerfolge zusätzlich motivieren.

### Bauen Sie kleine Pausen ein

Wichtig sind kleine Bewegungspausen, in denen die Gedanken auch wieder in den richtigen Fluss gebracht werden. Nach einigen „Erledigungen" zwischendurch hat man manchmal neue und überraschende Ideen. Halten Sie aber Störungen, beispielsweise Telefonate, möglichst kurz.

### Basics

- Wecken Sie Ihre Begeisterung.
- Starten Sie mit einem Ritual.
- Stellen Sie sich das Ergebnis vor.
- Formulieren Sie Teilziele.
- Erkennen Sie die inneren Motive.
- Belohnen Sie sich zwischendurch.
- Beginnen Sie mit den kleinen Aufgaben.
- Nehmen Sie sich kurze Auszeiten.
- Bleiben Sie locker.

# 2 Progressive Muskelrelaxation

Tagsüber spannen wir, ohne es zu bemerken, ständig irgendwelche Muskeln an. Edmund Jacobson, ein Arzt, der aus Schweden in die USA emigrierte, hat diese Muskelanspannungen gezielt zu einer körperlichen Übung, der Progressiven Relaxation, ausgebaut und die Methode an der Harvard Universität in Kalifornien gelehrt. Indem Muskeln gezielt angespannt werden, kommt es danach zu einer nachweislich verbesserten körperlichen und geistigen Entspannung.

Durch regelmäßiges Üben können Sie ein Relax-Basisprogramm fest im Körper verankern, das relativ einfach zu erlernen ist. Nutzen Sie es, um Blockaden zu lösen und Sorgen und Ängste abzubauen. Sogar bei körperlichen Verspannungen wie Kopfschmerzen ist es hilfreich. Es ist leicht zu erlernen und jederzeit anwendbar.

# Kopfschmerzen ade!

Mehr als 50 Millionen Deutsche leiden an Kopfschmerzen. Zwar gibt es 251 Kopfschmerzformen, die Ursache der Kopfschmerzen ist aber meistens eine anhaltende psychische Verspannung, die sich auf den Kopf überträgt. Man kann lernen, die Kopfschmerzen zu verringern, wenn man die Fähigkeit entwickelt, Anspannung und Entspannung gezielt zu dosieren.

Eine aktive Entspannung ist als erste Hilfemaßnahme nützlich, wenn sich eine Schmerzattacke ankündigt. Als Einstieg in die Tiefenentspannung empfiehlt sich die Progressive Muskelentspannung nach Jacobson. Diese Entspannungsform ist körperbetont, deshalb leicht erlernbar und mit wenig Aufwand im Kampf gegen Verspannungen und Ängste einsetzbar. Gleichzeitig ist sie eine gute Übungsvoraussetzung für die Grundstufe des Autogenen Trainings, das wir später kennen lernen.

## Übung – Progressive Muskelrelaxation im Kopfbereich

Mit dieser einfachen Übung lernen wir, den Kopf- und Nackenbereich gezielt zu entspannen. Damit haben wir gleichzeitig eine gute Erste-Hilfe-Maßnahme bei Kopfschmerzen.

Durch diese Übung entspannen wir aber nicht nur den Körper, sondern auch die Psyche.

**1** Lesen Sie die Übung zuerst aufmerksam durch und schließen Sie dann die Augen.

Nacheinander werden Sie nun verschiedene Muskelgruppen Ihres Körpers an- und entspannen. Die Spannung halten Sie 7 Sekunden lang, die Entspannung sollte dann jeweils ungefähr 30 Sekunden dauern. Bevor Sie zur nächsten Muskelgruppe übergehen, sollten Sie kurz die Entspannung wirken lassen. Atmen Sie sowohl während der Anspannung als auch während der Entspannung ruhig und tief weiter.

**2** Wählen Sie eine entspannte, angenehme Sitzhaltung.

3 Ballen Sie die rechte Hand zur Faust und spannen Sie anschließend die Muskulatur im gesamten rechten Arm so stark wie möglich an. Dann konzentrieren Sie sich wieder auf die Entspannung der Muskeln.

4 Verfahren Sie anschließend mit dem linken Arm auf dieselbe Weise.

5 Spannen Sie die Oberarme durch Beugen der Unterarme an und entspannen Sie nach kurzer Haltephase wieder.

6 Spannen Sie nun die Gesichtsmuskeln an. Runzeln Sie so fest es geht die Stirn und ziehen Sie dabei die Augenbrauen so weit wie möglich nach oben. Halten Sie die Spannung wie beschrieben und entspannen Sie die Stirnmuskulatur wieder.

7 Kneifen Sie die Augenlider fest zusammen und bewegen Sie die Augäpfel hin und her. Halten Sie die Spannung an, dann entspannen Sie die Augenmuskeln wieder.

8 Schieben Sie den Unterkiefer möglichst weit nach vorn und entspannen Sie ihn wieder.

9 Falls Sie sitzen, drücken Sie den Kopf so weit und fest wie möglich nach hinten und entspannen Sie anschließend die Nackenmuskulatur wieder.

10 Ziehen Sie die Schultern möglichst weit nach oben und lassen Sie sie dann wieder locker hängen.

11 Spannen Sie abschließend noch einmal alle bisherigen Muskelgruppen an und halten Sie die Spannung, während Sie ruhig weiteratmen. Mit einer tiefen Ausatmung entspannen Sie den Körper wieder.

12 Spüren Sie zum Abschluss kurz in Ihren Körper hinein, um zu beobachten, wie Sie sich jetzt fühlen.

### Hilfe bei Schmerzen

Kartoffeln lösen schmerzhafte Verspannungen. Kochen Sie Pellkartoffeln und zerdrücken Sie diese heiß mitsamt der Schale. Dann wickeln Sie alles in ein Leinentuch und legen es auf die betroffene Stelle.

## Interessant & Wissenswert

Nach einer aktuellen Klassifikation der Internationalen Kopfschmerzgesellschaft werden etwa zweihundert verschiedene Kopfschmerzsyndrome unterschieden. Entsprechend häufig sind Kopfschmerzpatienten in einer neurologischen Ambulanz vertreten, dennoch handelt es sich in 80 Prozent der Fälle um Migräne und Spannungskopfschmerzen. Chronische Kopfschmerzen sollten in jedem Fall vom Arzt untersucht werden.

### Spannungs-Entspannungs-Kopfschmerz

Bei andauerndem Stress, aber auch in Zeiten, in denen der Stress endlich nachlässt, wie zum Beispiel im Urlaub oder am Wochenende, kann es zu einem dumpf drückenden Kopfschmerz kommen, der sich anfühlt, als würde einem der Kopf eingepresst. Es handelt sich dabei um einen Spannungs-Entspannungs-Kopfschmerz. Die Ursache liegt in einer Verspannung der Kopf- und Nackenmuskulatur. Lassen Sie es gar nicht erst so weit kommen, sondern lernen Sie mit Hilfe von Entspannungsübungen, die Anspannung gezielt zu dosieren.

Falls es doch so weit kommt und Sie ein Schmerzmittel benötigen, so dosieren Sie es auf keinen Fall zu niedrig. Nach Empfehlungen einer neurologischen Fachzeitschrift sollten Sie ruhig ein ausreichendes Schmerzmedikament in wirksamer Dosierung wählen, damit das Gehirn auch darauf trainiert wird, dass es sofort Hilfe bekommen kann.

### Migräne

Im Unterschied dazu kommt es bei Migräne zu einem pochenden und hämmernden Schmerz im Kopf, der von Übelkeit oder sogar neurologischen Ausfällen begleitet sein kann und sich bei körperlicher Aktivität steigert. Meist ist nur eine Hälfte des Kopfes davon betroffen. Reize aller Art, wie Licht, Gerüche oder Lärm, sind dann unangenehm, man wünscht sich Ruhe und einen abgedunkelten Raum. Dieser Zustand kann bis zu 78 Stunden andauern.

Migräneanfällige Menschen reagieren viel empfindlicher auf Reize als andere. Da sie meist aktiv und lebhaft sind, läuft ihr Gehirn oft auf Hochtouren, bis es letztendlich zur Reizüberflutung kommt. Dazu genügt schon ein kleiner Auslöser.

Durch die Überreizung verkrampfen die Blutgefäße im Gehirn, dadurch erweitern sich reflexartig die großen Kopfarterien im Gehirn. Gleichzeitig

wird dabei die Schmerzschwelle des Nervensystems herabgesetzt.
Da der Migräniker häufig unbewusst Ruhepausen auslässt, ist es sehr hilfreich, ganz bewusst immer wieder durch Entspannungsübungen abzuschalten.

## Was Sie noch tun können

### Das Autogene Training

Diese Übung lässt sich gut in den kopfschmerzfreien Zeiten erlernen, erfordert aber eine gute Vorstellungskraft. Dafür ist sie auf ein größeres Spektrum anwendbar als die Progressive Muskelrelaxation. Es gibt dabei einen bestimmten Übungsaufbau, der von Professor J. H. Schulz aus den körperlichen Reaktionen in der Hypnose abgeleitet wurde.

Zunächst sagt man sich innerlich den Satz „Ich bin ganz ruhig“ und stellt sich darauf ein.
Ähnlich wie ein Kind, das langsam einschläft, lässt man dann in seiner Vorstellung der Reihe nach die Muskulatur schwer werden, bis der ganze Körper schwer ist.
Dann lässt man in der gleichen Reihenfolge den Körper langsam warm werden. Dadurch werden die Blutgefäße erweitert, und die Blutzirkulation verbessert sich. Die Atmung lässt man ruhig und gleichmäßig werden. Mit weiteren Übungen lässt sich die Entspannung immer weiter vertiefen. So lernt man, den eigenen Körper und, falls erwünscht, auch die eigene Psyche zu beeinflussen. Man kann beispielsweise Botschaften an das Unbewusste senden, die nach und nach ihre Wirkung entfalten. Mehr zu dieser Technik erfahren Sie ab Seite 42.

### Basics

Die Deutsche Migräne- und Schmerzgesellschaft zur Vorbeugung gegen Kopfschmerzen rät:

- Üben Sie, „Nein!“ zu sagen. Sie müssen nicht alle Erwartungen erfüllen. „Nobody is perfect“!
- Stellen Sie nicht zu hohe Ansprüche an sich.
- Planen Sie Ihren Tagesablauf.
- Nehmen Sie sich nicht zu viel vor und vergessen Sie nicht, Pausen einzulegen. Sie müssen nicht immer alles sofort erledigen. Überfordern Sie sich nicht. Genießen Sie Ihr Leben und lassen Sie sich verwöhnen.

# Tägliche Ängste vertreiben

Unser Leben wird von zwei Grundgefühlen bestimmt: von der Liebe und von der Angst. Jede unserer Handlungen wird durch eines der beiden Gefühle bestimmt, auch wenn uns das nicht immer bewusst ist.
Und hinter jedem Stress, den wir uns machen, steckt in Wirklichkeit unterschwellige Angst, obwohl unser Leben in Wirklichkeit gar nicht bedroht ist. Die Ängste beziehen sich beispielsweise darauf, den Job zu verlieren und sozial abzurutschen, nicht geliebt zu werden, Ärger zu bekommen oder keine Anerkennung zu erhalten.
Bei Angst spannt man unwillkürlich alle Muskeln an, um kampfbereit zu sein, und atmet flach. Umgekehrt kann man Angst reduzieren, indem man alle Muskeln entspannt und tief ein- und ausatmet.
Mit der Progressiven Muskelrelaxation nach Jacobson lernen wir, unsere Anspannung bewusst zu vergrößern, sie unter Kontrolle zu bringen und anschließend zu verringern, um damit auch die Ängste zu besiegen.

## Übung 1 – Progressive Muskelrelaxation für den Körper

Nacheinander spannen wir die gesamte Muskulatur im Körper an, halten die Spannung einige Sekunden und entspannen anschließend wieder, so dass sich ein angenehmes Gefühl einstellt.

**1** Ballen Sie die rechte Hand zur Faust, als ob Sie kämpfen wollten. Dann spannen Sie die Muskulatur im gesamten rechten Arm so fest wie möglich an. Halten Sie die Spannung 5 Sekunden – anschließend entspannen Sie die Muskeln wieder.

**2** Verfahren Sie mit dem linken Arm auf die gleiche Weise.

**3** Im Sitzen: Richten Sie den Oberkörper auf, so, als wenn er von einer unsichtbaren Schnur gezogen würde, spannen Sie die Muskulatur des Rückens und des Bauches für kurze Zeit an, dann entspannen Sie zunächst den Bauch und atmen einige Male tief durch.

4 Ziehen Sie beide Schultern so weit es geht nach oben, dann lassen Sie die Schultern fallen und entspannen wieder.

5 Spannen Sie die Muskulatur des rechten Beines an, halten Sie die Spannung, dann lassen Sie langsam wieder los.

6 Verfahren Sie auf die gleiche Art mit dem linken Bein.

7 Strecken Sie den rechten Fuß nach unten, beugen Sie die Zehen, drehen Sie den Fuß leicht nach innen, halten Sie die Spannung kurze Zeit, dann entspannen Sie wieder.

8 Machen Sie nun dasselbe mit dem linken Fuß.

## Übung 2 – eine Atemübung

Die folgende Übung stammt aus Japan, wo die Menschen darin geübt sind, ihre Gefühle und damit auch ihre Ängste zu kontrollieren. Auf diese Weise können Sie wieder klar denken und sich auf das Wesentliche, das vor Ihnen liegt, konzentrieren.

1 Atmen Sie tief und hörbar durch die Nase ein und langsam durch den Mund wieder aus. Achten Sie darauf, dass Sie den Brustkorb beim Einatmen weit öffnen. Beim Ausatmen senken Sie ihn wieder.

2 Diesen Vorgang wiederholen Sie fünfmal. Diese Übung wird in wenigen Minuten Ihre Gefühle, dazu gehört auch die Angst, reduzieren. Die tiefe Atmungsweise führt zu einer verbesserten Sauerstoffzufuhr für das Blut, dadurch werden Sie wacher und frischer, haben klarere Gedanken, und die Angst verfliegt.

### Das „Angst-Schiffchen"

Eine nette Beschäftigung für einen Sommerabend ist es, seine Ängste auf ein Blatt Papier zu schreiben, anschließend ein Schiff daraus zu falten und es in einen Fluss oder Bach zu setzen, um zu sehen, wie es davonschwimmt.

## Interessant & Wissenswert

Nachfolgend möchte ich Ihnen mit einem einfachen Experiment, das lediglich 30 Sekunden dauert, den Einfluss der Atmung auf Ihre Psyche vorführen.

Atmen Sie aus, schließen Sie den Mund und halten Sie mit Daumen und Finger Ihre Nasenlöcher zu. Innerhalb von kurzer Zeit werden Sie von Angst und Panik beherrscht, deshalb müssen Sie Ihre Nase wieder loslassen und einatmen. Bekommt der Körper nicht ausreichend Sauerstoff, so ruft dies ein Gefühl der Angst hervor.
Durch oberflächliches und falsches Atmen wird dem Körper aber chronisch Sauerstoff verweigert, das bewirkt auf Dauer ein ständiges unterschwelliges Angstgefühl. Umgekehrt sorgt eine tiefe Atmungsweise für eine sehr gute Sauerstoffzufuhr für das Blut und damit für den Körper. Man wird automatisch wacher, frischer und hat klarere Gedanken.

Gewöhnen Sie sich deshalb an, regelmäßig und tief zu atmen. Wann immer es Ihnen im Verlauf des Tages einfällt, stellen Sie die Atmung auf langsam, tief und regelmäßig um.

Falls Sie sich einmal besonders unruhig oder ängstlich fühlen, machen Sie einige tiefe Atemzüge extra. Sie werden feststellen, dass Sie anschließend wieder zuversichtlicher und gelassener sind.

Angst bedeutet im Grunde genommen die Vorstellung, dass etwas eintreten könnte, was uns schadet. Wir wissen aber nicht genau, ob es wirklich eintrifft. Allein der Gedanke lässt uns alle Muskeln anspannen und verkrampfen.

Aufgrund dieser einfachen Tatsache entwickelte Edmund Jacobson 1938 eine Therapie, mit der wir lernen, unsere Anspannung willentlich zu vergrößern, um sie unter Kontrolle zu bringen und anschließend zu verringern. Analog dazu können wir auch unsere Ängste verringern. Nehmen Sie sich tagsüber mehrfach eine kurze Auszeit, um zu spüren, welche Muskeln Sie gerade angespannt haben. Diese Anspannung verstärken Sie kurzzeitig ganz bewusst und dann entspannen Sie die Muskulatur wieder. Stellen Sie sich dabei vor, dass Sie in sich zusammensacken, wie ein Luftballon, aus dem man die Luft ablässt. Dann wenden Sie sich erneut Ihrer Arbeit zu und bauen wieder positiven Stress auf.

## Was Sie noch tun können

### Analysieren Sie Ihre Situation genau

Wie hoch würden Sie die Wahrscheinlichkeit, dass die befürchtete Situation eintritt, auf einer Skala von 1 bis 100 einordnen?

### Was wäre der schlimmste Fall, der eintreten könnte?

Angst kommt eigentlich von dem lateinischen Wort „angulus“, was so viel wie Enge bedeutet. Und tatsächlich geschieht dabei eine Einengung des Denkens auf eine negative Zukunftsfantasie. Als ersten Schritt müssen wir uns den schlimmsten Fall, der eintreten könnte, den so genannten „worst case“, bewusst machen.

### Wie können Sie den schlimmsten Fall abwenden?

Wenn wir den schlimmsten Fall kennen, können wir uns damit befassen, wie wir ihn abwenden. Dazu nehmen wir die Situation erst einmal so an, wie sie ist. Dadurch werden psychologisch gesehen Kräfte freigesetzt, durch die wir wieder imstande sind, klar zu denken. Dann überlegen wir uns verschiedene Lösungsmöglichkeiten. Damit erweitern wir gleichzeitig unsere Flexibilität im Denken und erweitern unsere Perspektive. Falls wir beispielsweise Angst haben, unseren Arbeitsplatz zu verlieren, überlegen wir uns verschiedene Möglichkeiten, zum Beispiel wo wir uns probeweise bewerben könnten. Falls wir uns ohne Anerkennung fühlen, können wir uns überlegen, mit welcher Aktion wir Anerkennung bekommen.

### Noch einige positive Worte zur Angst

In gewisser Weise ist Angst auch eine Quelle der Kreativität. Manche Ängste, die uns selbst übersteigert erscheinen, wie beispielsweise das Lampenfieber, helfen uns dabei, uns besonders anzustrengen, indem sie unsere Leistungsbereitschaft auf „Hochtouren“ bringen.

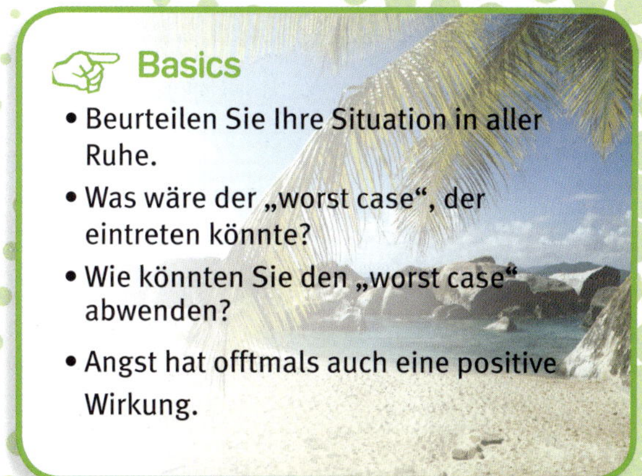

**Basics**

- Beurteilen Sie Ihre Situation in aller Ruhe.
- Was wäre der „worst case“, der eintreten könnte?
- Wie könnten Sie den „worst case“ abwenden?
- Angst hat offtmals auch eine positive Wirkung.

# Endlich gut schlafen

Im Schlaf erholen wir uns. Wir brauchen ihn, um unseren Körper zu regenerieren und unserem Unbewussten die Gelegenheit zu geben, Probleme zu verarbeiten. Wissenschaftliche Forschungen haben ergeben, dass unser Denken während des Schlafes fortgesetzt wird. Sind wir beispielsweise mit einer schwierigen Situation konfrontiert, so fallen uns am darauf folgenden Tag viel leichter Lösungen dazu ein. Deshalb rät der Volksmund auch dazu, erst einmal ein Problem zu überschlafen. Was aber kann man tun, wenn sich der Schlaf partout nicht einstellen will?
Die Progressive Muskelrelaxation ist ausgesprochen wirksam bei Schlafstörungen. Probieren Sie es einfach aus – Sie werden überrascht sein, wie schnell Sie damit einschlafen können. Ich habe die Übung speziell für das Einschlafen ein wenig abgewandelt.

## Übung – Progressive Muskelrelaxation für die Nachtruhe

**1** Vor dem Einschlafen begeben Sie sich in eine gemütliche, kuschelige Lage, dann schließen Sie die Augen.
Erinnern Sie sich an ein positives Erlebnis, denn das „Denken“ wird mit hinüber in den Schlaf genommen und „weitergedacht“. Malen Sie sich eine schöne Erinnerung in allen Einzelheiten aus. Wo waren Sie? Wer war dabei? Welche Geräusche oder Worte haben Sie dabei gehört? Was haben Sie gerochen?

**2** Formen Sie die rechte Hand zu einer Faust, als ob Sie kämpfen wollten. Dann spannen Sie die Muskulatur im gesamten rechten Arm so fest wie möglich an. Halten Sie die Spannung 5 Sekunden an. Anschließend entspannen Sie die Muskeln wieder. Verfahren Sie mit dem linken Arm auf die gleiche Weise.

**3** Ziehen Sie beide Augenbrauen möglichst weit hoch und runzeln Sie dabei die Stirn. Halten Sie die Spannung wieder 5 Sekunden lang – dann entspannen Sie die Muskeln wieder und spüren die Veränderung.

4 Kneifen Sie die Augenlider fest zusammen. Rollen Sie die Augäpfel hin und her. Entspannen Sie anschließend die Augenmuskeln.

5 Drücken Sie den Kopf fest gegen die Unterlage. Halten – entspannen – nachspüren.

6 Ziehen Sie beide Schultern so weit es geht nach oben. Halten Sie die Spannung 5 Sekunden, dann lassen Sie die Schultern wieder ganz locker fallen.

7 Spannen Sie die Muskulatur des Bauches und des Rückens ganz fest an. Halten – entspannen – nachspüren. Atmen Sie einige Male tief durch.

8 Spannen Sie die Muskulatur Ihrer Beine an. Halten – entspannen – nachspüren.

9 Strecken Sie den rechten Fuß nach unten, beugen Sie die Zehen, drehen Sie den Fuß leicht nach innen, halten Sie die Spannung kurze Zeit, dann entspannen Sie wieder.

10 Verfahren Sie auf die gleiche Art mit dem linken Fuß.

11 Atmen Sie ein paar Mal tief durch. Während des Ausatmens sagen Sie sich in Gedanken das Wort „Schlaaaf“. Atmen Sie möglichst langsam aus und dehnen Sie das Wort entsprechend lange. Mit dem Atem lassen Sie all Ihre Energie aus dem Körper fließen. Dann schließen Sie die Augen.

12 Nun können Sie sich bildlich vorstellen, wie Sie schlafen, so, als ob Sie sich selbst dabei zusehen würden.

Sie können die gesamte Übung auch mehrfach wiederholen, bis Sie sich angenehm müde fühlen. Zur Unterstützung können Sie sich auch vorstellen, dass Sie gemütlich in einem dümpelnden Segelboot sitzen oder liegen, während die Sonne warm auf Sie niederscheint.

### Das Gegenteil versuchen

Manchmal hilft es bei einer Schlafstörung auch, mit einer paradoxen Intervention einzuschlafen, indem man sich vornimmt, dass man auf keinen Fall einschläft und unbedingt wach bleiben möchte.

## Interessant & Wissenswert

Neulich kam eine Patientin in meine Praxis, weil sie schwere Ein- und Durchschlafstörungen hatte. In einem Gespräch stellte sich heraus, dass sie ihr Leben im Eilzugtempo lebte. Morgens sprang sie aus dem Bett, rannte nach kurzer Vorbereitung in die Arbeit. Dort erwartete sie ein Multitasking-Programm: Sie telefonierte, während gleichzeitig die E-Mails beantwortet wurden, organisierte, diskutierte ... und wenn sie abends erschöpft und voller Müdigkeit nach Hause kam, konnte sie trotzdem nicht einschlafen oder wurde nachts wach.

Im Verlauf des Tages hatte sich ihr Adrenalinspiegel so erhöht, dass sie abends nicht mehr zur Ruhe kam. Sie konnte nur mit Mühe einschlafen und wachte nachts regelmäßig um 4 Uhr wieder auf. Am nächsten Morgen war sie natürlich hundemüde.

Wir besprachen, dass sie von nun an genauso fleißig arbeiten würde wie bisher. Sie sollte aber regelmäßige Entspannungspausen in den Tagesablauf einfügen. Etwa dreimal während des Arbeitstages zog sie sich an einen ruhigen Ort zurück, um kurzzeitig die Progressive Muskelrelaxation durchzuführen, später, um das Autogene Training zu üben. Auch am Schreibtisch fügte sie zwischendurch immer wieder kurze Entspannungsübungen ein, ohne dass es besonders auffiel. Nach der Arbeit entspannte sie sich ebenfalls ganz bewusst eine Viertelstunde lang mit einer Übung. Sie verzichtete in dieser Zeit darauf, den Fernseher einzuschalten, wie sie das bisher getan hatte. Nach drei Monaten hatte sich ihr Schlaf vollkommen normalisiert.

## Was Sie noch tun können

Statt über eine eventuelle Schlafstörung ins Grübeln zu verfallen oder sich krampfhaft auf das Einschlafen zu konzentrieren, können Sie auch die Einschlafzeit nutzen, um Ihrer Psyche einen guten Dienst zu erweisen.

Zunächst ist es sehr hilfreich, sich vor dem Einschlafen mit positiven Erlebnissen einzustimmen. Dazu können Sie sich die folgenden Fragen stellen:

Wann ging es Ihnen zum letzten Mal im Leben so richtig gut?

Was war das Schönste, das Sie am heutigen Tag erlebt haben?

Auf welche positive Aussicht freuen Sie sich in Ihrem Leben?

Umgekehrt können Sie sich auch vor dem Einschlafen überlegen, auf welches Problem Sie im Schlaf eine Antwort bekommen möchten. Da Ihr Denkablauf im Schlaf weitergeht, lassen Sie Ihr Unbewusstes auf diese Weise am Lösungsprozess teilhaben.

Nach der Formulierung des Problems sollten Sie es aber an Ihr Unbewusstes abgeben und nicht mehr darüber grübeln. Gleich einer Wolke sollten Sie es davonschweben lassen und sich wieder auf angenehme Dinge konzentrieren, damit Sie leichter einschlafen können.

Falls Sie es möchten, können Sie sich auch vor dem Einschlafen überlegen, wem Sie im Traum begegnen oder was Sie gerne erleben möchten. So gleiten Sie allmählich in einen erholsamen Schlaf.

### Behebung einer Einschlafstörung

Nutzen Sie als Einschlafhilfe die Progressive Muskelrelaxation nach Jacobson und stellen Sie sich dabei eine schöne, entspannte Strandsituation vor. Sie liegen am Meer, und die Sonne scheint. Die heranrollenden Wellen bringen Ihnen Frische und Entspannung, während die zurückrollenden Wellen alles Belastende mit sich fortnehmen.

### Behebung einer Durchschlafstörung

Durchschlafstörungen haben viel damit zu tun, dass negative, destruktive Gedanken hochsteigen und sich im Kopf ausbreiten.

Ersetzen Sie jede negative Suggestion, die auftaucht, durch eine positive Aussage, in der Sie einfach das Gegenteil behaupten. Dann suchen Sie dazu passend nach Erinnerungen in Ihrer Vergangenheit. Bedenken Sie, dass kein Mensch nur ängstlich oder nur schüchtern ist. Jeder hat auch Gegenbeispiele in seiner Vorgeschichte. So gesehen wird die Nacht recht lebendig und konstruktiv für Sie.

Falls Sie aber dazu zu müde sein sollten, relativieren Sie einfach Ihre Probleme, indem Sie sich fragen, wie wichtig sie wohl in fünfzig Jahren sein werden.

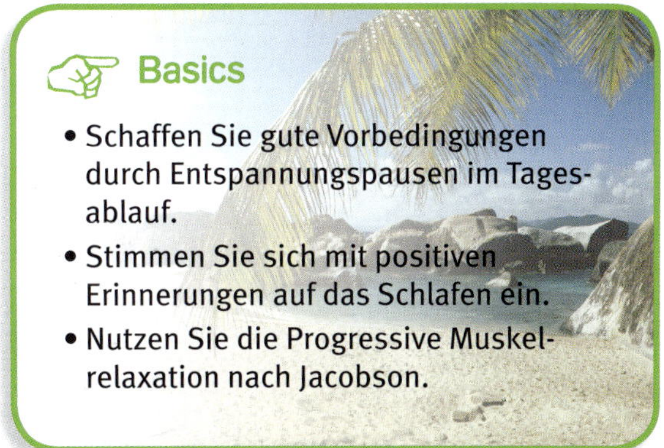

**Basics**

- Schaffen Sie gute Vorbedingungen durch Entspannungspausen im Tagesablauf.
- Stimmen Sie sich mit positiven Erinnerungen auf das Schlafen ein.
- Nutzen Sie die Progressive Muskelrelaxation nach Jacobson.

# 3 Autogenes Training

**Mit der Hilfe unserer Fantasie können wir die Muskelentspannung weiter vertiefen. Durch innere Bilder, die wir zunächst auf den eigenen Körper richten, regen wir ihn an, zu entspannen und zur Ruhe zu kommen. Insofern ist Autogenes Training eine Vertiefung der Progressiven Muskelrelaxation. Später kann man die Bilder in einer sich vertiefenden Entspannung auch auf andere Ziele richten und kommt damit einem tranceähnlichen Zustand nahe, den wir auch bei der Meditation erfahren. Entwickelt wurde das Autogene Training von dem Berliner Nervenarzt Professor J.H. Schultz.**

**Sie können sich damit wirkungsvoll gegen mentale Überlastung schützen, Ihr Gedächtnis entwickelt seine volle Kapazität, Sie werden sicherer in Ihren Entscheidungen, Ärger lässt sich leichter bewältigen, und sogar Schmerzen können beeinflusst werden.**

**Mit jeder Anwendung gelingt es Ihnen besser, und Sie fühlen sich bald viel ausgeglichener.**

# Hilfe, ich fühle mich überfordert!

In unserem Arbeitsumfeld müssen wir immer mehr Informationen immer schneller aufnehmen. Dabei können wir nicht immer voll bei der Sache bleiben, unsere Konzentration lässt nach. Die vielen Reize lösen in unseren Sinnesorganen elektrische Impulse aus, die über Nervenbahnen zum Gehirn geleitet werden. Dort werden sie verarbeitet und als Stressor identifiziert. Man fühlt sich überfordert – Angst breitet sich zunehmend aus. Mit Entspannungsübungen gelingt es uns, wieder ins Gleichgewicht zu gelangen. Sie benötigen relativ wenig Zeit und können trotzdem eine Menge bewirken.

## Grundübung des Autogenen Trainings mit der Entdeckung des Gelassenheitspunktes

**1** Nehmen Sie eine entspannte Lage ein. Sie können entweder im Büro sitzen oder zu Hause liegen. Schließen Sie die Augen. Im Sitzen stehen beide Beine nebeneinander fest auf dem Boden, und die Hände ruhen auf den Oberschenkeln.
Im Liegen ruhen die Beine nebeneinander und die Hände neben dem Körper. Den Kopf lassen Sie beim Sitzen leicht nach vorn auf die Brust fallen.

**2** Nun sagen Sie sich innerlich dreimal langsam: „Ich nehme mir jetzt Zeit für mich und bin ganz ruhig." Jetzt stellen Sie sich vor, wie die Hände und die Unterarme langsam immer schwerer werden, bis sie so schwer sind wie ein Stein und Sie die Arme kaum noch anheben können. Nehmen Sie sich auf jeden Fall ausreichend Zeit dafür.

**3** Dann lassen Sie diese Schwere langsam weiterwandern, zunächst in die Oberarme, von dort aus weiter über die Schultern zum Kopf, der ebenfalls langsam immer schwerer wird. Von dort aus lassen Sie die Schwere am Körper hinabwandern, zunächst in den Oberkörper, weiter in den Rumpf, bis sich der Bauch mit seinen Organen ganz schwer anfühlt. Von dort breitet sich die Schwere in die Beine und die Füße aus, bis der ganze Körper schwer geworden ist und sich wie Blei anfühlt.

**4** Nun stellen Sie sich die gleiche Reihenfolge mit einem Wärmegefühl vor. Ähnlich wie bei der Schwereübung lassen Sie in Ihrer Vorstellung die Hände und Arme immer wärmer werden, bis sie ganz warm sind.
Dann lassen Sie die Wärme weiterwandern, über die Schultern zum Kopf. Die Stirn bleibt dabei kühl.

**5** Die Wärme wandert weiter, über den Oberkörper, von dort aus in den Bauchraum, in die Beine und Füße.
Nun ist der ganze Körper schwer und angenehm warm.

**6** Konzentrieren Sie sich jetzt auf Ihre Atmung. Sie atmen tief und gleichmäßig.
Mit jedem Ausatmen gleiten Sie tiefer und tiefer in einen Entspannungszustand.

**7** Sie spüren in die Wärme des Bauchraumes hinein, als ob Sie dort spazieren gehen, und spüren die Geborgenheit, die vom Bauchraum ausgeht.

**8** Irgendwo gibt es in Ihrem warmen Bauchraum einen bestimmten Punkt der Gelassenheit. Wandern Sie in Ihrer Vorstellung so lange im Bauchraum umher, bis Sie diesen Punkt gefunden haben.

**9** Verweilen Sie eine kurze Zeit bei diesem Punkt und prägen Sie ihn sich ein.
Wann immer Sie ihn brauchen, können Sie zukünftig zu diesem Punkt zurückkehren. Er wird von jetzt an Ihr Begleiter sein.

**10** Jetzt kommt die Aufwachphase. Atmen Sie einige Male kräftig ein und aus, spannen Sie dann die Arme an und beugen Sie kräftig die Unterarme. Dann öffnen Sie die Augen und entspannen die Arme wieder. Sie nehmen bewusst wahr, dass Sie in der Realität sind und fühlen sich gut.

### Die Zeit richtig nutzen

Seneca: „Es ist nicht zu wenig Zeit, die wir zur Verfügung haben, sondern es ist zu viel Zeit, die wir nicht nutzen."
Denken Sie genau darüber nach, wenn Sie sich wieder überfordert fühlen.

## Interessant & Wissenswert

Von Dale Carnegie, der immer viel gearbeitet hat und dabei aber stets Freude empfand, ist überliefert, dass er einen alten braunen Strumpf auf seinem Schreibtisch liegen hatte. Er sollte ihn mahnen, entspannt zu sein wie ein alter „zusammengefallener“ Strumpf. In diesem Zustand war er viel produktiver und schaffte es, leichter und lockerer zu arbeiten. Wissen Sie bereits, worauf ich hinausmöchte? Richtig: Lernen Sie, sich zu entspannen, und Sie werden wieder leichter eine neue Anforderung meistern können. Mit Autogenem Training kann man wunderbar entspannen, und erste Erfolge stellen sich bereits nach kurzer Zeit ein.

### Die Entstehung des Autogenen Trainings

Die beschriebene Übung baut auf einer wissenschaftlichen Methode auf, dem so genannten Autogenen Training. Begründer ist der Professor und Nervenarzt Johann Heinrich Schultz, der nach einer Methode suchte, mit der Patienten sich selbst behandeln können. Er leitete das Autogene Training aus der Hypnose ab.

Als Hausarzt und Nervenarzt baute er zunächst ein Hypnosezentrum in Breslau auf, wo er erfolgreich psychosomatisch erkrankte Patienten behandelte. Von seinen Erfolgen begeistert, begann er, die Hypnose wissenschaftlich zu untersuchen. Er notierte ganz exakt jede noch so winzige Veränderung während der Hypnose und schrieb darüber mehr als 400 wissenschaftliche Arbeiten.

Als er später im Berlin der 20er Jahre in einer eigenen Praxis Patienten behandelte, kam er auf die Idee, dass man diese Phänomene auch durch selbstständiges, das heißt „Autogenes“, Training bei sich selbst hervorrufen könnte, um damit vielleicht in einen ähnlichen Zustand wie bei der Hypnose zu gelangen. Die damit erreichten Ergebnisse dokumentierte er ebenfalls sehr genau und schrieb darüber ein Buch, das sehr exakt jede Veränderung aufzeichnete. Das Ziel der Methode ist es also, mittels selbsthypnotischer Formeln auf körperliche und psychische Prozesse Einfluss zu nehmen und sich gleichzeitig zu entspannen.

### Hinweise zur Entspannungsübung

Mit entsprechender Übung kann man das Autogene Training überall und mit geringem Zeitaufwand durchführen. Bereits Kinder ab dem 8. Lebensjahr können Autogenes Training erlernen,

es ist also relativ einfach und trotzdem überaus wirkungsvoll. Da Sie während der Übung direkt mit dem Unbewussten kommunizieren, breitet sich die allgemeine Gelassenheit auch an dieser Stelle aus, und Sie werden zuversichtlicher.
Mit Autogenem Training kann man wunderbar entspannen. Mit jeder Anwendung klappt es besser, und erste kleine Erfolge stellen sich bereits nach kurzer Zeit ein.

## Was Sie noch tun können

### Ändern Sie Ihre Einstellung

Nur wer locker und entspannt ist, fühlt sich nicht überfordert und kann gute Leistungen erbringen. Ein wichtiger Punkt ist auch, dass man an sich selbst glaubt.

Stellen Sie sich vor, Sie sitzen vor einer Aufgabe und denken: „Das schaffe ich nie“. Falls Sie bei dieser Haltung bleiben, schaffen Sie es tatsächlich nicht. Es muss also etwas passieren. Sie müssen Ihren Denkansatz ändern und sich sagen: „O.k., ob ich es schaffe, weiß ich nicht, aber ich schaffe auf jeden Fall den ersten Schritt, beispielsweise den Anfang für eine Präsentation zu formulieren.“ Und so unterteilen Sie die Aufgabe in Teilschritte, die Sie unabhängig voneinander bearbeiten sollten. Beginnen Sie beim ersten Teilbereich und arbeiten Sie dann gelassen einen nach dem anderen ab, bis Sie am Ziel sind. Jedes erreichte „Miniziel“ wirkt dabei als Motivationsverstärker.

Zum Glück ist es dank der heutigen Technik auch nicht so, dass Sie beim Vorbereiten oder Schreiben sofort ein perfektes Ergebnis vor sich liegen haben müssen. Sie können es beliebig oft verbessern.

### Basics

- Gestehen Sie sich früh ein, wenn Sie Schwierigkeiten haben.
- Gehen Sie zwischendurch immer wieder auf Distanz zu Ihrer Arbeit.
- Lernen Sie, „Nein“ zu sagen.
- Reduzieren Sie Überengagement und Überfürsorge.
- Planen Sie aktive und passive Entspannungspausen von vornherein mit ein.
- Bleiben Sie locker und entspannen Sie sich.

# Dem Gedächtnis auf die Sprünge helfen

Fakten, Fakten, Fakten ... kann man sich denn das alles merken? Die gute Nachricht: Je relaxter wir sind, desto leichter können wir uns an alles erinnern. Stehen wir hingegen unter Druck, entfällt uns plötzlich ein Name. Erst später, wenn wir entspannt sind, fällt er uns wieder ein.

Unser Unbewusstes ähnelt einem riesigen Ozean, in den alles fällt, was wir jemals erlebt, erfahren oder gelernt haben. Je entspannter wir sind, umso leichter ist uns dieser Erfahrungsschatz zugänglich. In einem ganz tiefen Entspannungszustand wie der Hypnose können wir uns praktisch an jede Einzelheit erinnern. Aber wir sind auch in der Lage, unser Gedächtnis selbst durch Entspannung mit einer Visualisierung zugänglicher zu machen. Die vorliegende Übung baut auf dem Autogenen Training auf und ist mit einer Visualisierung verknüpft.

## Übung – Autogenes Training mit Gedächtnistraining

Sie können mit dieser Übung die Gewissheit gewinnen, dass Sie sich Informationen zurückholen können. Dadurch werden Sie insgesamt weniger verkrampft sein, wenn es in Zukunft um Wissensfragen geht.

**1** Lesen Sie die folgende Übung erst vollständig durch. Überlegen Sie sich eine Information, an die Sie sich erinnern möchten oder die Sie gerade benötigen.

**2** Dann nehmen Sie eine entspannte Sitzhaltung ein und schließen die Augen.
Nehmen Sie sich einen Moment Zeit, um innerlich zur Ruhe zu kommen. Um diese Vorstellung zu unterstützen, können Sie sich sagen: „Ich bin ganz ruhig." Entspannen Sie die Muskeln, indem Sie sich vorstellen, Sie würden immer schwerer. Die Vorstellung ist gelungen, wenn Sie danach das Gefühl haben, Ihr ganzer Körper sei schwer wie ein Stein.

**3** Eine angenehme Wärme breitet sich in Ihrem Bauchraum aus und strömt von dort aus in den gesamten Körper. Immer wärmer wird Ihr Körper, ein ganz wohliges Gefühl erfasst Sie. Nur die Stirn am Kopf bleibt kühl.

**4** Atmen Sie ruhig und tief ein und aus und gleiten Sie mit jedem Ausatmen tiefer und tiefer in einen Entspannungszustand.

**5** In der Entspannungsphase können Sie sich nun vorstellen, dass jede Information, die Sie bisher aufgenommen haben, in Ihrem Kopf eine chemische Reaktion bewirkt und als solche eine Veränderung in Ihrem Gehirn hervorgerufen hat. In der Hypnose wäre alles ohne Schwierigkeiten abrufbar.

**6** Bildlich gesprochen befindet sich in Ihrem Kopf ein Tresor, angefüllt mit dem ganzen Wissen, das Sie im Laufe Ihres Lebens angesammelt haben.
Jede Information, alles, was Sie jemals gelesen, gehört und gesehen haben, befindet sich darin. Nun stellen Sie sich vor, dass Sie den Tresor langsam öffnen.
Nehmen Sie sich ausreichend Zeit dafür. Das Wissen kann dadurch wieder in Ihr Bewusstsein gehoben werden.

**7** In diesem entspannten Zustand stellen Sie sich nun eine Frage, die Sie gern beantwortet haben möchten. Warten Sie ganz entspannt ab, was geschieht.
Falls nicht sofort eine Antwort kommt, kann sie sich im Laufe des Tages einstellen. Je öfter Sie die Übung machen, desto schneller werden Sie zur gewünschten Antwort gelangen.

**8** Zur Rücknahme der Entspannung winkeln Sie die Unterarme ab, atmen Sie ein paar Mal kräftig ein und aus und öffnen Sie die Augen.

Diese Übung können Sie auch mehrfach trainieren, um sich damit auf eine Prüfung oder eine Präsentation vorzubereiten.

### Verstehen wollen wie ein Kind

Kinder können die Umwelt komplex erfassen. Entsprechend sollte man sie ihnen auch vermitteln, damit die Nervenverbindungen und Synapsen von klein auf angeregt werden. Sie möchten keine einseitige Erklärung, sondern sich ein möglichst umfassendes Bild machen. Tun Sie es ihnen gleich!

## Interessant & Wissenswert

### So funktioniert unser Gedächtnis

Bereits im Mutterleib setzt unsere Erinnerung ein, wir beginnen, erste Eindrücke abzuspeichern, zum Beispiel die Stimme oder Stimmung der Mutter. Indem sich unsere Wahrnehmungssinne fühlen, hören, sehen und schmecken zunehmend herausbilden, werden die Eindrücke von Beginn an abgespeichert, auch wenn wir uns später nicht mehr daran erinnern können. Im Gehirn bilden sich in dieser Zeit bereits Trillionen Nervenverbindungen, die durch unsere Erlebnisse geprägt werden und uns später vieles selbstverständlich erscheinen lassen.

Alle Erinnerungen wandern zunächst ins Kurzzeitgedächtnis, dort können wir uns zwischen fünf und neun Informationen merken. Sie verschwinden wieder aus unserem Gedächtnis, wenn sie nicht innerhalb von 20 Minuten erneut gespeichert werden.
Je verschiedener die Situationen sind, in denen wir uns bestimmte Dinge merken, umso sicherer werden sie verankert, sie wandern dann ins Langzeitgedächtnis. Dabei entstehen neue Verbindungen zwischen den Nervenzellen. Die Synapsen, also die Verbindungspunkte zwischen den Nervenzellen, werden verstärkt, oder es bilden sich neue Synapsen heraus. Die Information wird zur Materie.
Das geschieht an verschiedenen Orten gleichzeitig. Es gibt Hirnareale, die die Form speichern, andere den dazugehörigen Begriff, wieder andere die Funktion. So können sich einige Menschen besonders bestimmte Informationen, wie Zahlen, oder Formen merken, weil das entsprechende Areal sehr aufnahmefähig ist.

Insgesamt kann man sich das Gedächtnis in dieser Hinsicht wie eine Autowerkstatt vorstellen: Die verschiedenen Zulieferer machen erst das Gesamtprodukt komplett.
Als Direktor fungiert nach heutigem Wissensstand der Hippocampus, er verteilt auch die Produktion der Einzelteile. Ist das Auto komplett, fährt es ins Langzeitgedächtnis, um dort zu parken.

Ab dem 65. Lebensjahr lässt die Funktion des Hippocampus langsam nach, deshalb gelangt die Information jetzt manchmal gar nicht erst ins Langzeitgedächtnis. Der Stoffwechsel des Gehirns baut ab, Nervenzellen sterben ab, die

Verbindungen zwischen den Synapsen funktionieren nicht mehr so gut. Was bis dahin im Langzeitgedächtnis abgespeichert wurde, ist jedoch gut abrufbar.

### Warum hilft Entspannung dem Gedächtnis bei der Arbeit?

Aus zwei Gründen ist Entspannung für unser Gedächtnis gut.

**1.** Wir leben in einer Zeit, in der pausenlos Informationen auf unser Gehirn einprasseln. Der Hippocampus ist nicht mehr fähig, so viel Inhalt ins Langzeitgedächtnis zu transportieren und gibt bei zu viel Stress irgendwann auf. Wir stellen dann fest, dass unsere Gedächtnisleistung scheinbar immer mehr nachlässt, und beginnen uns Sorgen zu machen. Durch entsprechende passive oder aktive Entspannungspausen erholt sich unser Gedächtnis wieder.

**2.** Betrachten wir unser Gehirn in seiner Komplexität, so stellen wir fest, dass beide Hirnhälften unterschiedliche Aufgabenschwerpunkte haben. Ein Sprichwort besagt: „Ordnung ist das halbe Leben, und die andere Hälfte ist Unordnung." Entsprechend ist die linke Gehirnhälfte für unser logisch-analytisches Vorgehen, die rechte hingegen für das ganzheitlich-kreative Erfassen zuständig. Im Büro sind wir hauptsächlich linkshemisphärisch gefordert: Wir schreiben Briefe, formulieren Präsentationen, führen Konferenzen durch, programmieren Computer oder arbeiten beispielsweise an der Börse. Künstler beanspruchen dafür die rechte Hemisphäre besonders intensiv.

Maximale Erholung entsteht aber, wenn wir beide Gehirnhälften gleichmäßig beanspruchen. Bei zu viel Denkarbeit können Sie die andere Hirnhälfte wieder freischalten, indem Sie Sport treiben, sich künstlerisch betätigen oder Tiefenentspannung mit bildhaften Vorstellungen betreiben, beispielsweise beim Autogenen Training oder in der Meditation. Hinterher funktioniert auch das Denken und Formulieren wieder besser.

**Basics**

- Gönnen Sie Ihrem Gedächtnis Entspannungspausen.
- Aktivieren Sie Ihr Gedächtnis zwischendurch, indem Sie beide Hirnhälften in die richtige Balance bringen und die Art der Anforderungen wechseln.

# Gute Entscheidungen treffen

Unsere Entscheidungen werden zu 95 Prozent unbewusst getroffen, ohne lange darüber nachzudenken. Bereits nach dem Aufstehen treffen wir die ersten Entscheidungen, was wir anziehen, was wir frühstücken ... nur scheinbar ist alles festgelegt.
Aber bereits eine einzige Entscheidung kann unser gesamtes Leben verändern. Wie schaffen wir es, die richtigen Entscheidungen zu treffen?
Erst im entspannten Zustand steht uns dafür unser gesamtes bewusstes und unbewusstes Wissen zur Verfügung.

## Übung – entspannt und richtig entscheiden

Falls wir nicht die Möglichkeit haben, unsere Entscheidung zu überschlafen, gibt es die Möglichkeit, im Büro eine Minitrance durchzuführen. Die Minitrance ist dem Autogenen Training entlehnt und bietet dem Gehirn die Möglichkeit, in einen schlafähnlichen Alphazustand der inneren Gelassenheit zu wechseln und uns so der richtigen Entscheidung zu nähern.

1 Sammeln Sie zunächst alle Fakten, die Ihr Problem betreffen, um möglichst umfassend informiert zu sein. Je mehr Sie wissen, desto besser.

2 Versetzen Sie sich in einen entspannten Zustand und schließen Sie die Augen. Stellen Sie sich vor, wie Ihre Arme und Beine, und zunehmend auch der ganze Körper, schwer und entspannt werden.
Nun entsteht ganz tief im Bauch eine Wärme, die sich im gesamten Bauchraum ausbreitet. Mit jedem Atemzug kommen Sie tiefer und tiefer in einen Entspannungszustand.

3 In diesem Zustand werden Sie sich darüber bewusst, das es ein höheres Wissen und Wollen im Universum gibt, dem Sie vertrauen können. Er ist in Verbindung mit dem ehrlichen Teil Ihres inneren Selbst, der Sie behütet und beschützt, wenn Sie sich mit ihm verständigen. Lernen

Sie ihn kennen und treten Sie in einen inneren Dialog mit ihm.

**4** Diesem Wissen und Wollen können Sie nun eine Gestalt geben. Sie überlegen sich zunächst eine Größe, dann eine Form. Es kann ein abstraktes Wesen sein, an das Sie sich wenden können, oder eine Person.

**5** Formulieren Sie nun eine Frage, auf die Sie eine Antwort suchen. Dann warten Sie, bis sich eine Antwort einstellt. Das kann in Form eines Bildes geschehen, das plötzlich auftaucht, oder aber auch ein Satz sein.
Wichtig ist, dass Sie entspannt bleiben, Geduld haben und zuversichtlich bleiben, dass die Antwort kommt. Bedanken Sie sich dann innerlich für die Antwort.

**6** Nun führen Sie wieder die Rücknahme durch, indem Sie ein paar Mal kräftig ein- und ausatmen, die Arme fest anspannen und die Unterarme anziehen.

Jeder von uns ist in der Lage, seine Entscheidungskraft zu trainieren. Ideal ist bei Entscheidungen ein Zusammenspiel von Bauch und Kopf, das heißt, es werden möglichst alle bewussten und unbewussten Fakten zusammengetragen, um dann gelassen und entspannt das Bauchgefühl zu berücksichtigen. Je lockerer wir dabei sind, desto einfacher ist es, die richtige Entscheidung zu treffen.

### Entscheidungen sind revidierbar

Überschätzen Sie nicht die Bedeutung jeder einzelnen Entscheidung. In den meisten Fällen hängt unser Leben nicht davon ab. Falsche Entscheidungen können durchaus auch wieder korrigiert werden, ähnlich, wie man ein Bild auch immer wieder übermalen kann. Picasso hatte seine Bilder auf diese Weise mehrfach komplett neu übermalt. Dadurch wurden sie auch interessanter. Das Gleiche gilt auch für unsere Erfahrungen. Stellt sich eine Entscheidung als untauglich heraus, kommt sie in die Rubrik „Erfahrung“.
Mit dieser Einstellung schaffen wir es auch, entspannter, lockerer und damit unbewusster unsere Entscheidungen zu treffen. Überlegen Sie nicht zu verkrampft, was richtig oder falsch ist.

## Interessant & Wissenswert

Unsere Entscheidungen bestimmen, ob wir unzufrieden und dadurch gestresst sind oder aber, ob wir zufrieden sind, weil sich unsere Wünsche erfüllen und wir uns in unserer Persönlichkeit weiterentwickeln und nicht mehr stressen lassen. Erfolgreiche Menschen sind offenbar „entscheidungsstark“, sie haben oft die richtigen Entscheidungen getroffen und ein Gespür dafür entwickelt.
Ohne das Unterbewusstsein geht dabei nichts. Woher das kommt? Die wissenschaftliche Forschung hat ergeben, dass unser menschliches Bewusstsein ungefähr 40 Informationseinheiten (Bits) pro Sekunde bewältigen kann. In der gleichen Zeit wird das Unbewusste mit etwa 20 Millionen Informationseinheiten fertig. Blitzschnell werden die aufgenommenen Informationen bewertet und sortiert. Aber nur ein Bruchteil der verarbeiteten Bits dringt in unser Bewusstsein. Der deutsche Neurobiologe Gerhard Roth schätzt, dass wir weniger als 0,1 Prozent dessen, was unser Gehirn tut, wahrnehmen. Der überwiegende Teil wird unbewusst erledigt. Sind also die „unbewusst“ getroffenen Entscheidungen besser? Nicht unbedingt, das kann jeder bestätigen, der einmal unglücklich verliebt war. Um wirklich kluge Entscheidungen zu treffen, reichen die Gefühle allein also nicht aus. Stattdessen brauchen wir einen kühlen Kopf und einen warmen Bauch.
Die besten Entscheidungen treffen wir, wenn wir uns möglichst umfassend zu einem Thema informieren und erst danach unsere Intuition zu Rate ziehen. Die gesammelten Informationen werden in einem neuronalen Netz an verschiedenen Orten im Gehirn gespeichert und mit den unbewussten Erkenntnissen verknüpft.
Eine Entscheidung aus dem „Bauch heraus“ zu fällen, ist also in Wirklichkeit eine erweiterte Kopfentscheidung.

## Was Sie noch tun können

### Informieren Sie sich

Finden Sie bei allen größeren Entscheidungen alle nötigen Informationen heraus, die Sie dafür benötigen.

### Wägen Sie die Vor- und Nachteile genau ab

Bedenken Sie die möglichen Konsequenzen der Entscheidung. Falls es Ihnen schwerfällt, zwischen zwei Möglichkeiten zu wählen, so nehmen Sie ein Blatt Papier und schreiben für beide Optionen die jeweiligen Vor- und Nachteile auf. Falls Sie ein ähnliches Ergebnis erhalten, versehen Sie alle einzelnen Punkte jeweils mit einer Bewertung von 1 bis 10. Anhand des Gesamtergebnisses erhalten Sie dann eine Summe, die Ihnen bei Ihrer Entscheidung weiterhilft.

### Entspannen Sie sich und lassen Sie Ihr Unbewusstes für sich arbeiten

Hören Sie im dritten Schritt genau auf Ihre Intuition. Das geht am besten in einer relaxten Situation. In einem gelassenen Zustand, den man auch mit der Hilfe einer Entspannungsmethode wie dem Autogenen Training erreichen kann, fallen einem viel leichter ungeahnte Lösungsmöglichkeiten ein.
Eine weitere Möglichkeit besteht darin, Ihre Entscheidung dem Schlaf anzuvertrauen und sie am nächsten Tag abzurufen.

### Achten Sie auf Ihr Gefühl

Falls sich ein ungutes Gefühl meldet, überprüfen Sie noch einmal, ob Sie etwas vergessen haben. Vielleicht entdecken Sie plötzlich einen Aspekt, den Sie bisher übersehen haben, oder Ihnen fällt eine ganz neue Möglichkeit ein.
Erst wenn Sie die rationalen Argumente mit Ihrem Gefühl in Einklang gebracht haben, stimmt Ihre Entscheidung.

### Noch ein Tipp

Treffen Sie alle wirklich wichtigen Entscheidungen in Ihrem Leben selbst und lassen Sie sich nicht „überreden“. So können Sie hinterher auch niemanden zu Unrecht für Ihre Entscheidung verantwortlich machen.

### Basics

- Stufen Sie die Bedeutung von Entscheidungen nicht zu hoch ein.
- Tragen Sie alle für die Entscheidung relevanten Kenntnisse und Fakten zusammen.
- Lassen Sie Ihr Bauchgefühl entscheiden.
- Wenn sich ein ungutes Gefühl einstellt, überprüfen Sie nochmals alle Informationen, eventuell haben Sie etwas übersehen.
- Machen Sie eine Liste mit Vor- und Nachteilen und wägen Sie ab, wenn Sie sich nicht sicher sind.

# Selbstheilung bei Ärger

Wer sich ärgert, ist extrem negativ gestresst und verliert dadurch Energie. „An seinem Ärger festzuhalten ist genauso, wie eine glühende Kohle in die Hand zu nehmen; du bist selbst derjenige, der sich daran verbrennt", sagt Buddha. Deshalb ist es gut, wieder in einen relaxten Zustand zu gelangen, um so die Power des Ärgers Gewinn bringend zu nutzen, und sich nicht als Opfer, sondern als Gestalter wahrzunehmen. Auf diese Weise findet sich die Problemlösung sehr viel schneller, denn bekanntlich gibt es für jedes Problem mindestens fünf Lösungen – und eine würde ja schon genügen.

## Übung – Autogenes Training als Schubkraft bei Ärger

Im Unterschied zu der Traurigkeit verbirgt sich hinter dem Ärger eine unglaubliche Power und Energie. Sie muss nur entsprechend kanalisiert werden.

1 Lesen Sie die folgende Übung erst durch.

2 Schalten Sie den Ärger im Moment ab wie einen Film. Wir werden ihn später benutzen. Versuchen Sie es – es funktioniert!

3 Nehmen Sie eine entspannte Sitzhaltung ein und schließen Sie die Augen.

4 Nehmen Sie sich einen Moment Zeit, um zur Ruhe zu kommen. Die Muskeln entspannen sich dabei, und Sie lassen sie immer schwerer und schwerer werden. Zuerst die Arme, dann die Beine. Sie spüren, dass der ganze Körper schwer wird wie ein Stein.

5 Sie atmen ruhig und tief ein und aus. Mit jedem Ausatmen gleiten Sie tiefer und tiefer in einen Entspannungszustand. Ihr gesamter Körper ist jetzt völlig entspannt.

6 Eine angenehme Wärme breitet sich in Ihrem Bauchraum aus und strömt von dort aus in den gesamten Körper. Ihr Körper wird immer wärmer.

**7** Trotzdem spüren Sie inmitten dieser wohligen Wärme dieses Gefühl von Ärger noch ganz deutlich in Ihrem Bauchraum. Es ist eine Art innerer Unruhe, eine Energiequelle, die Sie nutzen können.

**8** Stellen Sie sich vor, dass diese Energie einen rotierenden Motor antreibt, der sich in Ihrem Bauchraum befindet. Die ganze Kraft, die sich in diesem Ärger bündelt, treibt einen inneren Motor an. Er wird Sie mit Sicherheit in Ihrem Leben weiter voranbringen, aber nur, wenn Sie es zulassen.

**9** Überlegen Sie, was Sie mit diesem Motor erreichen möchten. Wohin wird er Sie bringen? Welches Ziel möchten Sie erreichen? Was wollen Sie verwirklichen?

**10** Kosten Sie das Gefühl der Stärke ganz und gar aus. Es wird sich auf Ihre gesamte Person übertragen.

**11** Atmen Sie ein paar Mal tief ein und aus, winkeln Sie die Unterarme kräftig an und öffnen Sie wieder die Augen. Sie sind wieder in der Realität.

### Abreagieren mit Sport

Mit diesem „inneren Motor im Bauch“ können Sie natürlich auch zum Sport gehen und sich dort einmal richtig abreagieren. Dort können Sie Dampf ablassen und Wut rauslassen. Gleichzeitig tun Sie etwas für Ihre Gesundheit. Sie werden schnell merken, dass der Ärger auch ein guter Antriebsverstärker sein kann. Wie Sie ihn positiv umwandeln und nutzen können, müssen Sie jetzt nur noch üben.

### Ärgerlisten

Legen Sie eine Liste an, auf der Sie jedes Ärgernis eintragen, über das Sie sich aufregen. Einmal pro Woche können Sie diese Liste dann durchlesen. Sie werden feststellen, dass Sie sich langfristig viel weniger aufregen müssen, weil viel unnötiger Ärger dabei ist. Außerdem bringt der Abstand einen neuen Blickwinkel ins Spiel. Die Emotionen sind nicht mehr so stark, dadurch verliert der Ärger an Bedeutung.

## Interessant & Wissenswert

Wenn wir uns ärgern, können wir keinen klaren Gedanken fassen, unser Denkcomputer stürzt ab, und wir werden immer primitiver: Wir schmieden Rachepläne.

Gerald Hüther, Psychiater und Neurobiologe an der Universität Göttingen, hat diesen Mechanismus genauer untersucht. Nimmt der Druck im Gehirn zu, schaltet es zurück, und wir erleiden einen Rückfall in alte Bewältigungsstrategien. Man kann sich dabei das Gehirn wie ein Haus vorstellen:

Im Dachgeschoss, dem vordersten Teil im Gehirn (dem präfrontalen Cortex), werden die klugen Entscheidungen gefällt, da dort die Handlungsplanung mit der Abschätzung der Konsequenzen stattfindet. Da er hochempfindlich ist, schaltet er bei Druck ab.

Dadurch verlagert sich das Denken in die hinteren Hirngebiete, wir denken wieder genauso primitiv wie unsere früheren Vorfahren oder wie in der Kindheit.

Wir entwickeln dann keine neuen Ideen zur Problemlösung, sondern fangen an, laut zu werden, knallen mit den Türen oder hauen auf den Tisch. Wächst der Druck weiter, aktivieren wir schließlich steinzeitliche Notprogramme, die uns auf die Flucht oder den Angriff programmiert haben. Die Entscheidungen fallen dann dementsprechend schlicht aus.

Nehmen wir jedoch den Druck raus, fällt es uns leichter, trotz Ärger wieder Klarheit zu gewinnen. Indem wir uns genügend Zeit nehmen, um ein Problem zu durchdenken, gewinnt unser Gehirn Gelegenheit, den vorderen Teil des Gehirns wieder einzubeziehen.

## Ein Beispiel aus der Praxis

Ich sitze mitten in einer Therapiesitzung, als die Bauarbeiter bei der Nachbarin anfangen, den Weg mit dem Presslufthammer aufzureißen. Die Nachbarin hat mir nichts davon gesagt. Ich verstehe meine Patienten kaum, sie mich ebenso wenig. So ist eine Therapie kaum möglich. Ich versuche in einen hinteren, abgewandten Raum zu wechseln, aber auch dort ist es nicht anders. Der Lärm ist ohrenbetäubend.

Erst als ich es schaffe, meinem Ärger wieder entspannt zu begegnen, fällt mir eine Lösung ein. Ich nehme den Lärm zum Anlass, um die Patienten zu fragen, wodurch sie eigentlich in ihrem Leben blockiert sind, und lasse ein Bild dazu malen, das wir in der nächsten Stunde auswerten. So wird der störende Aspekt einbezogen und integriert.

## Was ich noch getan habe

**Ich habe die Beziehungsebene und die Umstände abgeklärt**

Das Verhältnis zur Nachbarin war bisher gut. Also hat sie es nicht mit Absicht getan, sondern irgendetwas war schiefgelaufen.

**Eine Distanz zur Situation wurde eingebaut**

In einer Komödie hätten die Zuschauer sicherlich herzhaft gelacht. Durch diese Vorstellung gelang es mir wieder, Objektivität zu gewinnen.

**Dadurch wurde ich entspannter, und mir fiel die Lösung ein**

Die Power hinter dem Ärger hat mich zu einer Inspiration veranlasst, und die Patienten haben gemeinsam mit mir gelernt, sich vom Ärger nicht besiegen zu lassen.

**Die Situation mit der Nachbarin hat sich aufgeklärt**

Sie hatte sich entschuldigt, aus Stressgründen hatte sie den Termin vollkommen vergessen.

Natürlich bin auch ich nicht immer so cool. Aber es hilft einem enorm, wenn man sich zutraut, schwierige Situationen meistern zu können. Je öfter man das schafft, umso weniger wird man sich ärgern.
Das Entscheidende ist, Gelassenheit und Distanz zum Ärger aufzubauen.

Wenn man sich über jemanden ärgert, denkt man zunächst: „Der andere ist ganz anders, als ich es bin." Es birgt natürlich viele Probleme, wenn man verschieden ist. Dem steht aber das Erweiterungskonzept gegenüber. Goethe sagte dazu: „Das Gleiche bringt uns in Ruhe. Der Widerspruch ist es, der uns produktiv macht." Aber nur, wenn wir dabei relaxed bleiben!

### Basics

- Informieren Sie sich geduldig über die genauen Umstände.
- Schaffen Sie Distanz zur Ärger auslösenden Situation.
- Entspannen Sie sich mit einer Entspannungsübung oder mit Humor.
- Klären Sie die Situation danach mit den Betreffenden.

# 4 Meditation und Visualisierung

**Begeben Sie sich auf eine Reise in die eigene Seelenlandschaft. Durch das Meditieren und Visualisieren können Sie Ihre Kommunikation mit dem Unbewussten erweitern. Stress wird anders wahrgenommen, da sich die Einstellung zu den Wertigkeiten im Leben verändert.**

**Bei regelmäßiger Anwendung erweitern Sie Ihre Fähigkeiten zur kreativen Lebensgestaltung, Sie erkennen Ihre wahren Ziele und können Ihr Leben mit beruflichem Erfolg und privatem Glück bereichern. Im Unbewussten schlummert eine immense Kraft und Erfahrung, zu der Sie durch Meditation und Visualisierung einen besseren Zugang finden können.**

**Egal, ob Sie Ihre Konzentration steigern möchten, Ihr Selbstbewusstsein stärken oder neue Zukunftsvisionen entwickeln, diese zwei Methoden ermöglichen es Ihnen und bringen Sie Ihrem Lebensglück näher.**

# Die Konzentration steigern

Stellen Sie sich einen Bogenschützen vor, der seinen Bogen anspannt, bevor er den Pfeil ins Ziel schickt. Hätte er vorher noch rasch fünf verschiedene Aufgaben zu erledigen, wäre er dazu wohl kaum imstande. Er müsste sich dann erst sammeln, am besten kurz meditieren, um sich wieder auf das Ziel einzustellen. Auch Sie können sich besser konzentrieren, wenn Sie kurz zuvor aktiv entspannt haben. Ebenso sollten Sie bei ermüdenden Aufgaben immer wieder kurzzeitig entspannen, um sich neu zu sammeln.

## Übung – Durch Atmen wieder auf den Punkt kommen

Richten Sie Ihre Aufmerksamkeit auf einen Punkt aus, dann können Sie sich besser konzentrieren. Darin besteht auch die Voraussetzung der Meditation – überflüssige Gedanken werden aus dem Kopf verbannt.

1 Wählen Sie eine bequeme Sitzhaltung, die Sie in der nächsten Viertelstunde beibehalten können. Legen Sie die Hände in den Schoß und achten Sie darauf, dass sie sich nicht berühren.

2 Lassen Sie die Schultern nach unten sinken und spüren Sie, wie Ihre Arme wie schlaffe Sandsäcke in Ihrem Schoß liegen.

3 Lassen Sie Ihren Atem zunehmend gleichmäßiger werden. Atmen Sie gleichmäßig und tief durch die Nase ein und aus, wobei Sie sich vom Atem wiegen lassen und sich immer mehr seinem natürlichen Rhythmus anpassen.

4 Richten Sie Ihre Aufmerksamkeit auf das Ein- und Ausatmen. Zunächst spüren Sie die Empfindungen des Atmens an den Schleimhäuten der Nase. Sie spüren die kalte Luft des Einatmens und die warme Luft des Ausatmens.

5 Nun beginnen Sie damit, Ihren Atem genauer zu beobachten. Ist Ihr Atemzug kurz oder lang? Ist die Atemluft kühl oder warm? Gehen Sie direkt vom Einatmen zum Ausatmen über oder halten Sie dabei kurz inne?

**6** Falls Ihre Gedanken anfangen abzuschweifen und Ihnen tausend verschiedene Dinge einfallen, bringen Sie den Gedankenfluss immer wieder zu Ihrem Atem zurück. Seien Sie geduldig, mit der Zeit wird es Ihnen besser gelingen. Immer wieder kehren Sie zu Ihrem Atem zurück, wobei Sie feststellen werden, dass Sie besonders beim Ausatmen gut entspannen können.

**7** Lassen Sie die Gedanken kommen und gehen. Allein dadurch, dass Sie beobachten, wie Ihre Gedanken auftauchen und verschwinden, kehrt allmählich eine wohltuende Ruhe in Ihrem Geist ein. Lassen Sie jeden emporsteigenden Gedanken sogleich wieder los. Allmählich breitet sich eine friedvolle, angenehme Stille in Ihrem Inneren aus.

**8** Suchen Sie sich einen Punkt, der sich irgendwo an der gegenüberliegenden Wand des Raumes befindet, und starren Sie auf ihn. Stellen Sie sich dabei vor, dass Sie Mikroskopaugen haben, die in der Lage sind, jedes kleinste Atom zu sehen. Versuchen Sie, sich das kleinste Detail dieses Punktes vorzustellen. Achten Sie darauf, dass Ihr Blick nicht abschweift. Wenn Sie alles richtig machen, werden Sie irgendwann feststellen, dass Ihr Körper vom Hals abwärts zu verschwinden scheint und nur noch dieser eine Punkt existiert.

**9** Nach der Beendigung der Übung bleiben Sie noch einige Minuten sitzen, dann kehren Sie allmählich in den Alltag zurück.

### Achtung, nicht einschlafen

Falls Sie immer müder werden und Ihre Augenlider schließen möchten, kämpfen Sie dagegen an, denn diese Übung soll nicht dazu dienen einzuschlafen, sondern die Konzentration zu fördern.

### Vorbereitung auf die Meditation

Diese Basisübung einer Meditation hilft uns dabei, unsere Konzentration zu fördern. Beginnen Sie mit der Übung jedoch frühestens eine Stunde nach dem letzten Kaffeegenuss oder einer Mahlzeit. Es empfiehlt sich, vor der Übung ein Glas Wasser zu trinken. Schalten Sie vorher Ihr Mobiltelefon ab.

## Interessant & Wissenswert

Gedanken werden in der Meditation oft mit den Wellen auf dem Ozean verglichen. Bei starkem Wellengang kann man durch das aufgewühlte Meer nicht in die Tiefe blicken. Übertragen auf unsere Gedanken geht die Konzentration auf das Wesentliche verloren – wir erkennen es nicht und müssen deshalb erst einmal die Wogen glätten.
Durch Entspannungsübungen richten Sie Ihre Aufmerksamkeit zunächst nach innen und anschließend auf die zu bewältigende Aufgabe. Besonders geeignet dafür sind das Autogene Training, die Meditation, aber auch andere fernöstliche Methoden, wie Tai Chi und Karate.
Die vorangegangene Übung ist eine Meditation (vom lateinischen Wort meditatio – „Nachdenken, Sinnen"). Dahinter verbirgt sich eine jahrtausendealte Kunst mentaler Selbstkontrolle: die Fähigkeit, die Aufmerksamkeit zu bündeln, um sich ganz auf den Augenblick zu konzentrieren. Dadurch lernt man, seine Gedanken unter Kontrolle zu bekommen und sich besser zu konzentrieren.

Für Einsteiger empfehlen sich folgende weitere Meditationsformen:

### Naturmeditation

Sie können sich auch einen Stein oder einen Baum als Meditationsobjekt auswählen. Schauen Sie ihn genau an und schließen Sie dann die Augen. An welche Einzelheiten können Sie sich erinnern?

### Gehmeditation

Rollen Sie die Füße ganz bewusst von der Ferse zu den Zehen ab und synchronisieren Sie Ihr Gehen mit der Atmung. Drei Schritte lang atmen Sie ein und vier Schritte aus. Sie atmen also länger aus als ein. Bewegen Sie sich auf diese Weise eine Viertelstunde lang im eigenen Rhythmus.

### Mantrameditation

Wählen Sie irgendein Wort, das möglichst keine konkrete Bedeutung hat. Dieses Wort wiederholen Sie endlos. Dadurch fallen Sie in einen Trancezustand, der wie eine tiefe Entspannung wirkt. Jetzt können Sie sich besser konzentrieren.

## Was Sie noch tun können

Konzentration bedeutet Sammlung auf einen Punkt. Beobachtet man beispielsweise ein Kind, stellt man fest, dass es sich stundenlang mit einer einzigen Sache beschäftigen kann. Dabei ist es so vertieft, dass es nicht bemerkt, was in der Umgebung geschieht. Es ist ganz bei der Sache, ein tiefes Befriedigungsgefühl stellt sich bei ihm ein.

Der Glücksforscher Miklós Czikszentmihalyi prägte dafür den Begriff „Flow“. Darunter versteht man das lustbetonte Gefühl des völligen Aufgehens in einer Tätigkeit.

Flow bedeutet auch, dass Bewusstes und Unterbewusstes zusammenarbeiten, an einem Strang ziehen. Es ist ein Zustand des Fließens, wir fühlen uns weder unter- noch überfordert. In diesem Zustand sind wir maximal konzentriert. Wir können diese Fähigkeit in uns wieder wecken und trainieren.

Wenn wir etwas tun, was uns zutiefst befriedigt, sind wir ganz bei der Sache und mobilisieren sehr viel Energie, ohne dabei zu ermüden oder zu verspannen.

Lesen Sie beispielsweise ein anregendes Buch, vergessen Sie automatisch Ihre Umgebung, weil Sie so konzentriert sind. Wenden Sie diese einfache Erkenntnis auf die vor Ihnen liegenden Aufgaben an:

Was könnte an den zu bewältigenden Aufgaben für Sie besonders wichtig oder interessant sein?

Inwiefern wird Sie diese Aufgabe im Leben voranbringen?

Was können Sie aus der Bewältigung der Aufgabe lernen?

Zusammenfassend lässt sich sagen, dass man sich also in einem angeregten, positiven emotionalen Zustand befindet und automatisch konzentrierter ist.

Am leichtesten lernt man sich zu konzentrieren bei Tätigkeiten, die einem Spaß machen. Denn nur dann hat man Lust, in die Tiefe zu gehen.

Und nur wer bei dem, was er tut, Fragen stellt, wird sich auf die Sache konzentrieren, denn er sucht eine Antwort.

### Basics

- Trainieren Sie Ihre Konzentration, indem Sie sich ausgiebig mit einer Sache beschäftigen.
- Versuchen Sie sich für Ihre Tätigkeit zu begeistern.
- Wecken Sie das Flow-Gefühl in Ihnen.

# Das Selbstbewusstsein stärken

Wer selbstbewusst ist, lässt sich von Stress nicht so schnell unterkriegen, weil er unter anderem ein hohes Maß an Vertrauen in sich selbst besitzt. Stärken Sie Ihr Selbstbewusstsein und gehen Sie ruhig und gelassen durchs Leben.
In der Psychologie ist bekannt, dass sich das manifestiert, worauf wir unsere Aufmerksamkeit richten. Lernen Sie, liebevoll über sich zu urteilen. Wenn Gott oder das Universum Sie anders gewollt hätten, wären Sie anders gemacht worden. Die nachfolgende Übung hilft Ihnen dabei, stärker und selbstbewusster zu werden.

## Übung – Sehen Sie sich mit ganz neuen Augen

1 Stellen Sie sich vor einen Spiegel. Betrachten Sie sich kurz und schließen Sie dann die Augen.

2 Jetzt rufen Sie sich jemanden in Erinnerung, der Sie besonders gern hat. Das kann jemand aus der Familie sein oder ein guter Freund, eine gute Freundin.

3 Halten Sie die Augen so lange geschlossen, bis Sie die Person ganz deutlich vor sich sehen. Stellen Sie sich dann vor, dass sie sich neben Sie stellt.

4 Nun stellen Sie sich vor, dass diese Person Sie im Spiegel betrachtet und öffnen langsam wieder die Augen.
Fühlen Sie dabei die liebevollen Gefühle, die dieser Mensch für Sie empfindet, während Sie sich selbst betrachten.

5 Sie werden feststellen, dass Sie sich nun „mit ganz anderen Augen“ betrachten. Auf einmal nehmen Sie Dinge wahr, die Sie vorher gar nicht beachtet haben. Vielleicht haben Sie wunderschöne Augen und wussten es noch gar nicht. Vielleicht lächeln Sie humorvoll und hatten keine Ahnung, wie gut Ihnen dieses Lächeln eigentlich steht. Dieses neue Bild von sich nehmen Sie nun mit in den nächsten Übungsschritt.

6 Nun schließen Sie wieder kurz die Augen und schlüpfen in Ihre eigene Person zurück. Nehmen Sie dieses wunderschöne Gefühl mit, geliebt und respektiert zu werden.

7 Rufen Sie sich eine weitere Person ins Gedächtnis, die Sie besonders mag. Versuchen Sie, sich diesen Menschen wieder ganz genau vorzustellen.

8 Wiederholen Sie die vorherige Übung, indem Sie sich auf die gleiche Weise wieder mit den Augen dieser Person betrachten. Vielleicht entdecken Sie noch andere schöne Eigenschaften an sich selbst. Sie können diese Übung mit beliebig vielen Personen wiederholen.

9 Schicken Sie Ihrem Spiegelbild jetzt noch viel Liebe, Wertschätzung und positive Energie.

10 Mit diesem neu gewonnenen oder verstärkten Gefühl beginnen Sie nun mit Ihren Alltagsaufgaben.

11 Zwischendurch schicken Sie Ihrem „Selbst“ immer wieder eine positive gedankliche Ermunterung.

### Kraft durch frühere Erfolge

Führen Sie zwischendurch gedankliche Selbstgespräche, in denen Sie sich beschreiben, was Sie bereits in Ihrem Leben erreicht haben. Führen Sie sich die Erfolge bildlich vor Augen. Gerade, wenn Sie eine neue Aufgabe vor sich haben, ist es gut, sich daran zu erinnern, wie gut Sie eine ähnliche Aufgabe gemeistert haben. Lassen Sie das dabei auftauchende Gefühl zu und übertragen Sie es auf die neue Aufgabe.

### Seine Stärken erkennen

Stellen Sie sich folgende Fragen: Was war der größte Erfolg in meinem Leben? Welche Fähigkeiten haben Ihnen dabei geholfen, diesen Erfolg zu erringen? Registrieren Sie jetzt bitte, wie Sie sich nach der Beantwortung der beiden Fragen fühlen und welche Erkenntnisse Sie über Ihre Stärken gewonnen haben.
Diese Fähigkeiten helfen Ihnen dann auch bei der Bewältigung der gegenwärtigen Situation.

## Interessant & Wissenswert

Kürzlich kam ein bildschöner 29-jähriger Mann in meine Praxis und meinte, er hätte sich die Unterlagen von einem Schönheitschirurgen besorgt. Ich musste kurz ein Lachen unterdrücken und fragte ihn, was er denn eigentlich an sich ändern wolle. Er sagte, dass wisse er auch nicht, er wolle einfach nur anders sein. So, wie er aussehe, lerne er offensichtlich keine Frau kennen. In der Therapie stellte sich dann heraus, dass er im Grunde genommen das Gefühl hatte, kein liebenswerter Mensch zu sein, weil ihm seine Eltern dieses Gefühl nicht vermittelt hatten. Und diese Ablehnung seiner eigenen Person strahlte er auf andere aus.

Umgekehrt kennen wir alle Menschen, die nicht im klassischen Sinn schön sind, aber eine wunderbare Ausstrahlung haben. Sie haben von sich selbst eine gute Meinung, bringen entsprechend ihre Vorzüge zur Geltung, scheuen sich nicht, auf andere zuzugehen oder öffentlich aufzutreten. Durch dieses Verhalten werden sie für andere attraktiv, was sie wiederum als Selbstbestätigung auffassen, anziehend auf andere zu wirken.

## Was Sie noch tun können

### Richten Sie die Aufmerksamkeit auf die Stärken

Ein grundlegendes psychologisches Gesetz besagt, dass sich verwirklicht, worauf wir unsere Aufmerksamkeit richten. Geben Sie Ihrem Unterbewusstsein den Auftrag, selbstbewusst zu sein. Machen Sie eine Liste, auf der Sie Ihre Stärken aufführen. Konzentrieren Sie sich anschließend auf diese Stärken. Sie trainieren damit Ihre Seele und Ihren Körper darauf, ein selbstbewusster Mensch zu sein. Wenn Sie sich sagen: „Ich bin eine interessante Person“ und das Gefühl dazu aktivieren, dann erinnern Sie sich schneller an Ereignisse, die diese Aussage belegen. Diese Erinnerungen sind Selbstverstärker, die Ihnen zeigen, dass Sie auf dem richtigen Weg sind.

### Gehen Sie liebevoll mit sich um

Fangen Sie damit an, sich darauf zu konzentrieren, dass Sie selbstbewusst und interessant sind, Energie und Lebensfreude versprühen und dabei ausgeglichen und relaxed sind. Gehen Sie liebevoll mit sich selbst um. Sorgen Sie gut für sich. Sagen Sie rechtzeitig Nein, wenn Ihnen etwas nicht passt oder zu viel wird.

### Werden Sie wieder vom Opfer zum „Täter“ – bestimmen Sie aktiv Ihr Leben

Tun Sie etwas gegen den Stress in Ihrem Leben! Denn wer gestresst ist, fühlt sich als Opfer und handelt nicht mehr souverän. Das Einzige, was er eventuell noch bekommen kann, ist Mitleid. Aber das baut nicht wirklich auf, das verschafft nur für einen kurzen Moment Linderung.

Auf lange Sicht wird so jemand nicht ernst genommen. Es entsteht der Eindruck, dass es ihm an Selbstbewusstsein mangelt und dass man ihm noch mehr aufbürden kann. Gebieten Sie dieser Spirale Einhalt. Falls Sie also merken, dass Sie anfangen, sich gehetzt zu fühlen, schalten Sie erst einmal eine kurze Pause dazwischen. Diese nutzen Sie, um wieder bei sich selbst anzukommen. Dabei rufen Sie sich all das in Erinnerung, was Sie bereits geschafft haben. Mit jeder Erinnerung werden Sie sich besser fühlen. Und dann sind Sie bereit, wieder in den Tagesablauf einzusteigen.

### Überlegen Sie sich erreichbare Ziele

Noch ein guter Rat: Ein neu gewonnenes Selbstbewusstsein hält für einen bestimmten Zeitraum, aber dann kommt es wieder zu Selbstzweifeln. Nehmen Sie sich Aufgaben vor, die Sie auch bezwingen können, und freuen Sie sich, wenn Sie diese Aufgaben bewältigt haben. Dann erweitern Sie das Aufgabenspektrum und nehmen sich größere Aufgaben vor. Jede erreichte Aufgabe ist ein Baustein für Ihr Selbstbewusstsein. Und am Ende entsteht das Haus, in dem Ihr Selbst ganz bewusst wohnt und sich dabei entspannt fühlt.

Wirkliches Selbstbewusstsein wird aus der Überzeugung geboren, der Welt etwas geben zu können. Niemand ist ohne Gaben geboren worden. Jeder von uns trägt etwas in sich, das seine Außergewöhnlichkeit und Einzigartigkeit ausmacht.

Unsere Aufgabe ist es, uns mit diesen Fähigkeiten auf die Welt einzulassen. So gewinnen wir an Stärke und Zuversicht.

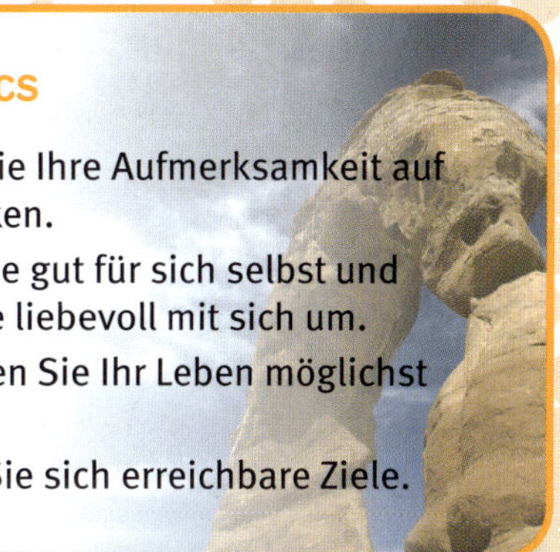

**Basics**

- Richten Sie Ihre Aufmerksamkeit auf Ihre Stärken.
- Sorgen Sie gut für sich selbst und gehen Sie liebevoll mit sich um.
- Bestimmen Sie Ihr Leben möglichst aktiv.
- Stecken Sie sich erreichbare Ziele.

# Die Kreativitätsquelle

Fantasie regt immer auch unsere Kreativität an, wobei es sich stimulierend auswirkt, wenn wir verschiedene Sinnesmodalitäten ansprechen, zum Beispiel sehen, hören, schmecken. Wie schaffen Künstler und Erfinder es nur so kreativ zu sein? Ist Kreativität angeboren, oder besitzt jeder genug davon? Die Gehirnforschung ist inzwischen einige Schritte weiter und weiß, dass jeder kreativer werden kann, wenn er beim schöpferischen Denkprozess verschiedene Stadien durchläuft. Voraussetzung für die Kreativität sind dabei sowohl die harte Vorarbeit als auch die schöpferische Entspannungspause, in der die Idee zunächst geboren wird.

## Übung – Eine meditative Fantasiereise zur Kreativitätsquelle

1 Nehmen Sie eine entspannte, liegende Körperhaltung ein und schließen Sie die Augen. In Ihnen breitet sich eine angenehme Ruhe aus.

2 Innerlich konzentrieren Sie sich jetzt auf Ihren Atem, Sie atmen langsam ein und aus. Sie spüren die Luft tief in Ihren Lungen.

3 Langsam lassen Sie vor Ihrem inneren Auge viele verschiedene Farbtupfer auftauchen, aus denen die Blumen einer Sommerwiese werden. Immer deutlicher erkennen Sie die Einzelheiten der Wiese. Sie hören das kurze Summen einer Biene, das wieder verschwindet.

4 Gleichzeitig riechen Sie den betörend aromatischen Duft der Wiesenkräuter und der Sommerblumen, die sich wie im Zeitraffertempo immer weiter öffnen, um ihr Geheimnis preiszugeben. Der Himmel wölbt sich blau, die goldenen Strahlen der Sonne tanzen um Sie herum, während Sie von der Wärme durchflutet werden.

5 Voller Vorfreude machen Sie sich auf den Weg. Sie ziehen die Schuhe aus, die Füße streifen durch das hohe Gras, während Sie auf einen Weg zusteuern, der in einen Wald hineinführt.

**6** Allmählich nähern Sie sich dem Rand der Wiese, und die ersten Bäume tauchen auf. Der Wind bewegt leicht die Baumkronen hin und her. Zwischen den Bäumen wird die Luft kühler und auch etwas feuchter. Sie hören das Zwitschern der Vögel und in der Nähe eine Quelle sprudeln.

**7** Sie nähern sich dieser Quelle und betrachten das Wasser. Dann setzen Sie sich an den Rand ins kühle Moos und ruhen einen Moment lang aus, während Sie den Geräuschen des Waldes eine Weile lang lauschen.

**8** Führen Sie sich gedanklich vor Augen, dass die schöpferischen Kräfte in unserem Inneren unbegrenzt sind. Ähnlich wie eine Quelle sprudeln sie in unserem Unbewussten. Sie können sich bildlich vorstellen, wie diese Quelle unaufhörlich fließt.

**9** Und nun stellen Sie sich vor, dass diese Quelle einen Apfelbaum tränkt. Zunächst hat er noch grüne Blätter. Die Sonne scheint, und „Ihre" Quelle sprudelt unaufhörlich.

**10** Bald schon sprießen weiße Blüten, der Apfelbaum sieht prächtig aus. Und noch ein wenig später wachsen an dem Apfelbaum die Äpfel der „Inspiration". Sie brauchen sie nur noch zu pflücken.

**11** Sie können sich vorstellen, dass Sie immer wieder einzelne Äpfel pflücken und sich ihren Geschmack auf der Zunge zergehen lassen.

**12** Nicht alle Äpfel reifen gleichzeitig. Pflücken Sie deshalb immer nur einen und lassen Sie ihn sich schmecken. Welches „Bild" steigt in Ihnen auf, während Sie gedanklich diesen Apfel essen?

### Unterbewusstes aktivieren

Das Wasser in unserem Bild steht immer in einem engen Zusammenhang mit dem Unbewussten, da wir ja ebenfalls phylogenetisch und ontogenetisch aus dem Wasser abstammen.
Durch die Loslösung aus der Umgebung und das Zurückbesinnen auf den Ursprung allen Lebens setzt eine Lockerung der Vorstellungswelt ein, die neue Ideen ermöglicht und sich damit schöpferisch auswirkt.

## Interessant & Wissenswert

Kreativität kann man nicht erzwingen. Scheinbar von selbst tauchen die schöpferischen Einfälle plötzlich auf. Stress verhindert eher den Zugang, während Entspannung dem kreativen Moment förderlich ist.

Kreativität lässt sich nicht sicher einem bestimmten Ort im Gehirn zuordnen. Egal, welche schöpferische Tätigkeit wir verrichten, Schreiben, Malen oder Musizieren, immer finden wir ein verteiltes Aktivitätsmuster im Gehirn, in dem die verschiedenen Gehirnareale bei sehr kreativen Menschen stärker gekoppelt sind als bei anderen. Aber diese Fähigkeit lässt sich auch trainieren.

## Was Sie noch tun können

### Schaffen Sie die richtigen Voraussetzungen

Besorgen Sie sich alle Kenntnisse und Fähigkeiten, die Sie mit dem kreativen Gebiet verbinden: Als Komponist werden Sie wahrscheinlich die Noten und Kompositionslehre kennen, als Maler die Farblehre beherrschen und üben, als Erfinder mit den Grundlagen der Physik vertraut sein. Je gründlicher Sie dabei vorgehen, desto eher wird sich ein Einfall finden. Wohl jeder kennt den berühmten Satz von Thomas A. Edison: „Kreativität ist zu einem Prozent Inspiration und zu 99 Prozent Transpiration."

Beim Lernen werden Sie vielleicht bestimmte Lösungen bereits in Frage stellen. Vorhandenes Wissen werden Sie auf ungewohnte Weise mit anderen Bereichen kombinieren und nutzen können.

### Erlauben Sie sich eine schöpferische Pause

Nun beginnt der innere Reifungsprozess, ähnlich wie ein Kind auch seine neun Monate braucht, um das Licht der Welt zu erblicken. Alles in der Natur braucht seine Zeit zum Wachsen. Man kann nicht am Gras ziehen, damit es schneller wächst.

Und so lassen wir auch eine Weile unser Wissen ruhen, statt uns pausenlos mit dem kreativen Prozess zu stressen. Unsere Kenntnisse und Fähigkeiten ruhen in dieser Zeit in unserem Unbewussten und werden dort ohne unseren Einfluss weiterverarbeitet.

Unterstützen können wir den Prozess, indem wir uns in der Pause in einer anregenden, schönen Umgebung aufhalten, in der wir uns wohl fühlen, interessante Gespräche führen, uns in der Natur aufhalten und kreative Entspannungsübungen durchführen.

### Der Kreativität auf die Sprünge helfen

Körperliche Bewegung fördert ebenfalls die geistige Aktivität. Manch einer merkt das daran, dass er beim Schreiben immer wieder aufspringen muss, um kurz etwas zu erledigen, und hinterher fällt das Formulieren wieder leichter.

Es gibt auch unsere persönliche Tageszeit für kreative Einfälle. Manche Schriftsteller brauchen das Dunkel der Nacht, andere sprühen beim Meeting morgens um zehn voller Geistesblitze, während wieder andere stumm in die Kaffeetasse starren und dafür am Nachmittag zur Höchstform auflaufen.

Die wichtigste Unterstützung ist aber der Spaß an der Sache. Um Spaß an der Sache zu haben, müssen Sie sich mental positiv auf den schöpferischen Prozess einstellen.

### Die Geburt der schöpferischen Idee

Endlich ist es so weit, die Idee kommt ans Licht. „Heureka", rief Archimedes, „ich habe es gefunden", als er die Verdrängung des Wassers im Badehaus mit der Verdrängung des Goldes durch Silber in der Königskrone assoziierte.

Ähnlich erging es dem Chemiker Kekule, der eines Nachts träumte, dass sich eine Schlange in den Schwanz beißt, und das Bild auf die chemische Formel des Benzolringes anwandte. Voltaire erträumte eine völlig neue Variante seiner „Henriade".

Gönnen Sie sich hin und wieder eine kreative Entspannungspause und lassen Sie die dabei auftauchenden Bilder auf sich wirken. Dann überlegen Sie, für welches Problem die jeweiligen Bilder eine Lösung bedeuten könnten.

### Frisch ans Werk

Was nützt einem die schönste Idee, wenn sie nicht umgesetzt wird? Selbst wenn sich die größten Hindernisse auftun, ohne Umsetzung bleibt man ein „verkanntes Genie". Also, wann fangen Sie an? Und wer kann Sie dabei eventuell unterstützen?

**Basics**

- Schaffen Sie günstige Voraussetzungen, legen Sie sich umfangreiche Kenntnisse und Fähigkeiten zu.
- Erlauben Sie sich eine schöpferische Pause.
- Stellen Sie ungewöhnliche Bezüge her.
- Setzen Sie kreative Impulse in jedem Fall zeitnah um.

# Burnout – wieder Feuer und Flamme sein

Ein chinesisches Sprichwort besagt: „In einer Lampe ohne Öl wird der Docht umsonst verbrannt.“ Genau so fühlt sich, wer unter dem Burnout-Syndrom leidet – ausgebrannt und leer. Das Öl ist verbraucht, alles, was man zu bieten hat, wurde gegeben, nicht zuletzt deshalb, weil man versäumt hat, rechtzeitig zu relaxen und wieder „aufzutanken“. Die nachfolgende Feuermeditation wird Sie für die richtigen Werte sensibilisieren.

## Übung – Das Feuer Entfachen

1 Nehmen Sie eine ganz entspannte Haltung ein und schließen Sie die Augen. Atmen Sie tief und gleichmäßig ein und aus. Mit jedem Ausatmen fallen Sie tiefer in einen Entspannungszustand.

2 Stellen Sie sich vor Ihrem inneren Auge nun ein Lagerfeuer vor. Lassen Sie die Flammen hoch lodern.

3 Im Schein des Lichtes schauen Sie sich nun um. Wer von Ihren Freunden schenkt Ihnen ein Holzscheit für Ihr Lagerfeuer?
Umgekehrt, wer sitzt „vor Ihrer Nase“ und erschwert Ihnen den Zugang zum Feuer, wen schicken Sie fort?

4 Wenn Sie sich weiter umsehen, was können Sie noch am Feuer entdecken? Nutzen Sie die Zeit, um von Ihrem neuen Leben zu träumen. Was kommt auf Sie zu, worüber können Sie sich wirklich freuen?

5 Machen Sie sich auch Gedanken darüber, was Sie ins Feuer werfen. Wovon lösen Sie sich?

6 Und zum Schluss formulieren Sie einen Wunsch, den Sie ganz für sich behalten werden. Sie schicken ihn ab, indem Sie ihn ebenfalls den Flammen anvertrauen.

7 Das Bild von den Flammen wird Sie von nun an begleiten, und wann immer Sie es brauchen, schließen Sie die Augen und beschwören es herauf. Dann wird es Ihnen leichter fallen, sich

darauf zu konzentrieren, was Ihnen im Leben wirklich wichtig ist. Der Widerschein des Feuers wird in Ihrem Inneren lodern und Ihnen wohlige Wärme spenden.

**8** Nun kehren Sie wieder von Ihrer kleinen Reise zurück. Sie atmen ein paar Mal tief in den Bauch ein und aus. Beugen Sie kräftig die Arme und öffnen Sie dann die Augen.

### Eine Stunde nur für sich

Räumen Sie sich eine Zeit lang ganz bewusst täglich eine Stunde nur dafür ein, schuldfrei das zu tun, wonach Ihnen der Sinn steht. Gehen Sie spazieren, lesen Sie ein Buch, telefonieren Sie mit guten Freunden, gehen Sie schön essen oder legen Sie sich einfach auf die Couch und lassen Sie Ihren Gedanken freien Lauf.

Das wird Ihnen am Anfang ausgesprochen schwerfallen, aber bereits nach einer Weile wird es zu einer lieben Gewohnheit, die Sie nicht mehr missen möchten. Persönliche Bedürfnisse sind wichtig, und man darf sie sich auch erfüllen.

### Kleine Pausen einbauen

Alle 90 Minuten braucht man eine kleine Pause. Halten Sie dann kurz inne und genießen Sie die kleinen Freuden des Alltags – den Duft von frischem Kaffee, freundliche Menschen ...

Unterbrechen Sie auch mehrfach am Tag kurz Ihre Tätigkeit und fragen Sie sich: Erschwere ich mir die Arbeit unnötig? Verwende ich Muskeln, die nichts mit der Arbeit zu tun haben?

So können Sie sich das Entspannen leichter angewöhnen.

### Lernen, „Nein" zu sagen

Nein zu sagen beginnt im Kopf, in unserer Vorstellung. Wir müssen uns innerlich die Erlaubnis dazu geben. Wägen Sie genau ab, was Sie bei einem Ja und bei einem Nein jeweils gewinnen würden. Manchmal bekommen Sie durch das Nein-Sagen einen größeren Lebensgewinn. Und Sie werden staunen, wie verblüfft die anderen sind, wenn Sie plötzlich Nein sagen!

## Interessant & Wissenswert

Gibt es für Sie einen ständigen Gedankendruck, der sagt: „Du musst“, und einen Antwortdruck, der erwidert: „Ich kann nicht mehr“?
Gehören Sie zu den Menschen, die überwiegend positiv auffallen, sich ständig motiviert zeigen, aktiv und flexibel, kreativ anpacken und engagiert sind? Sind Sie überwiegend einsatzbereit, und ist freiwillige Mehrarbeit für Sie selbstverständlich?
Beschränken Sie Ihre persönlichen Bedürfnisse und sozialen Kontakte auf das Nötigste?
Sind die Zeiten für Entspannung und Erholung bei Ihnen auf das Nötigste reduziert?
Je mehr Fragen Sie bejahen, desto eher droht Ihnen der Burnout. Burnout kommt aus dem Englischen und bedeutet „ausgebrannt sein“. Sie beziehen also Ihren Selbstwert nur aus der Leistung. Es ist höchste Zeit, Ihr Leben zu ändern. Entspannung und eine neue Lebenseinstellung sind dann lebensnotwendig.

Was antworten Sie auf die Frage, wie es Ihnen geht? Gehören Sie zu den Leuten, die häufig sagen: „Danke, ich bin im Stress“, oder antworten Sie eher: „Danke, ich habe gerade eine Stunde auf der Bank gesessen und mich ausgeruht“? Die zweite Antwort wird im Allgemeinen gesellschaftlich nicht akzeptiert, sondern als Faulheit angesehen. Dabei wissen wir, dass fehlende Entspannung den Alterungsprozess beschleunigt und die Gesundheit gefährdet. Studien belegen, dass 60 Prozent aller Menschen ständige Hektik und Stress empfinden und dass 10 bis 15 Prozent sich innerlich leer und ausgebrannt fühlen.

Ein typischer Kandidat für einen Burnout in meiner Praxis ist ein Manager, der sieben Tage pro Woche arbeitet, die Karriereleiter immer weiter erklommen hat und sich plötzlich fragt, was das Ganze eigentlich soll. Ein Gefühl der Sinnlosigkeit stellt sich dann ein. Im Privatleben gibt es keine Auffangmöglichkeit für ihn, weil sich Freundeskreis und Partnerschaft bereits innerlich von ihm verabschiedet haben. Er hat dann häufig nur noch Geschäftskontakte.
Effizienz ist der Maßstab aller Dinge geworden, alles muss durchorganisiert sein und schnell gehen. Der Preis ist ein Leben im Schnellzugtempo, das jederzeit aus den Fugen geraten kann. Der Kampf um die Anerkennung und die Angst vor dem Verlust der gesellschaftlichen Stellung sind zu den Hauptantriebskräften geworden.

Wieso leiden manche Menschen unter dem Burnout-Syndrom und andere nicht? Manche Menschen tragen in sich ein besonders helles Feuer. Sie arbeiten mit großer Begeisterung, holen sich ihre Anerkennung hauptsächlich in der Arbeit und zeigen ein überdurchschnittliches Engagement. In ihrer Familie war Leistung besonders wichtig. Dies hat einen inneren Druck ausgelöst, den der Betreffende nun als Anforderung der Welt an ihn empfindet.

Schließlich gerät er an den Rand der Selbstaufgabe. Zunächst macht sich dies manchmal als Gereiztheit bemerkbar, später in Form von körperlichen Symptomen wie Müdigkeit, Schlafstörungen, Leistungsabfall. Erste Warnsignale treten auf: Magen-Darm-Störungen, Herz-Kreislauf-Probleme, Tinnitus, Verspannungen, Bandscheibenvorfälle, Allergien und Abwehrschwäche. Schließlich kommt es zu Verzweiflung und zu Hoffnungslosigkeit.

## Was Sie noch tun können

### Sehen Sie dem Problem ins Auge

Verleugnen Sie nicht länger das Problem und klären Sie die Hintergründe. Warum lassen Sie es so weit kommen?

### Achten Sie auf Ihre sozialen Kontakte

Pflegen Sie Beziehungen, die Ihnen Halt und Zärtlichkeit bieten. Trennen Sie sich jedoch von Leuten, die ständig nur nerven und Sie als Mülleimer für die eigenen Probleme benützen.

### Finden Sie Ihr eigenes Tempo

Unsere Gesellschaft ist überstimuliert. Wer sein Tempo drosselt, wird nicht langsamer, sondern effektiver.

### Pflegen Sie Ihren Körper

Versäumen Sie nicht, sich ausreichend zu bewegen und richtig zu entspannen! Schon 20 Minuten schnelles Gehen können Gereiztheit sowie seelische und körperliche Verspannung vertreiben.

### Basics

- Stellen Sie sich Ihrem Problem.
- Planen Sie kleine Auszeiten ein.
- Pflegen Sie menschliche Beziehungen.
- Suchen Sie sich ein Hobby.
- Lernen Sie, Nein zu sagen.
- Seien Sie nicht überfürsorglich.
- Finden Sie Ihren eigenen Rhythmus.
- Tun Sie Ihrem Körper etwas Gutes.

# Im Mantel der Gelassenheit

Sie stehen dauernd unter Zeitdruck und wünschen sich ein gelassenes, fröhliches Leben? Wer ist es eigentlich, der Sie dauernd stresst? Ist es Ihr Chef, sind es die Kollegen, Freunde, die Familie? Ich möchte es Ihnen ins Bewusstsein rufen: Es ist niemand anderes, als Sie selbst! Vor allem Ihre eigene Einstellung bestimmt, ob Sie Stress haben oder nicht. Warum tun Sie sich das an? Werden Sie sich Ihres inneren Antreibers bewusst und setzen Sie sich mit ihm auseinander, statt sich ständig von ihm unter Druck setzen zu lassen.

## Übung – Den Antrieb steuern

**1** Nehmen Sie eine entspannte Sitzhaltung ein und schließen Sie die Augen.

**2** Lassen Sie ganz bewusst Bilder hochsteigen. Es handelt sich um Erinnerungen, anstehende Aufgaben, Personen in Ihrem Umfeld ... Die Bilder verschwinden wieder und werden durch neue ersetzt. Kommentieren Sie die Bilder nicht.

**3** Irgendwann spüren Sie, dass Sie ruhiger geworden sind. Jetzt ist der richtige Zeitpunkt gekommen, Ihrem inneren Antreiber zu begegnen. Geben Sie ihm eine Gestalt, lassen Sie diese deutlich aus dem Hintergrund hervortreten. Ist der Antreiber groß oder klein? Ist er gefährlich oder harmlos? Erregt er Angst, ist er drohend oder lächelt er?

**4** Stellen Sie sich vor, dass Sie Ihrem Antreiber einen Sitzplatz im Raum zuweisen, so dass Sie sich in Ruhe mit ihm auseinandersetzen können.
Er ist mit Ihnen groß geworden, er wurde ebenso wie Sie genährt, allerdings mit den Worten: „Du musst ...“. Inzwischen hat er sich unabhängig von Ihren Eltern gemacht. Und Sie hören sogar auf ihn.

**5** Machen Sie sich in Gedanken klar, was er genau von Ihnen möchte. Und räumen Sie ihm in Ihrem Zeitplan nur so viel Zeit ein, wie sich seine Pläne mit Ihren Visionen decken.

**6** Machen Sie ihm auch klar, dass Sie täglich bestimmte Zeiten ohne ihn verbringen möchten. Sie gewinnen also Kontrolle über ihn, indem Sie sich mit ihm verbünden. Und mit diesem Verbündeten können Sie viel erreichen.

**7** Künftig wird er an Ihrer Seite sein, aber nicht mehr von hinten Druck auf Sie ausüben.

### Leben wie auf Jamaika

Pflegen Sie den Kontakt zu Menschen, die insgesamt gelassen, aber nicht faul sind und auch Ihnen dabei helfen, das Leben entspannt zu betrachten. Nach einer Weile wird sich der fröhliche Optimismus auch auf Sie übertragen.
In diesem Zusammenhang war es für mich erstaunlich festzustellen, wie die Menschen in Jamaika durchs Leben gehen. Bei jeder auftretenden Schwierigkeit antworteten sie „no problem". Fragte man sie, wann das Problem behoben sei, antworteten sie „soon". Dieses „bald" konnte sich auf Stunden oder Monate beziehen. Und irgendwann fingen auch die meisten Urlauber an, sich nicht mehr so viele Gedanken zu machen.

**8** Mit dieser fröhlichen Aussicht kehren Sie wieder in die Gegenwart zurück und öffnen die Augen.

### Die Situation entschärfen

Gelassenheit hilft Ihnen auch in schwierigen Zeiten, einen kühlen Kopf zu bewahren. Aber wie schaffen Sie es, die Souveränität wiederherzustellen?
Zunächst hilft es Ihnen, die Situation zu entschärfen, indem Sie sich sagen: „Es ist zwar nicht besonders gut, aber es geht trotzdem weiter."

### Keine Panik

Sie brauchen auch etwas Geduld und Zuversicht. Warten Sie ab – denn irgendwann ändern sich die Dinge wieder. Mit dieser Grundeinstellung sind Sie bereit, alles Erforderliche zu tun, damit die Situation wieder besser wird. Eine panische Wortwahl sollten Sie dabei unbedingt vermeiden: Die Situation ist häufig nicht so katastrophal, wie Sie sie darstellen.

## Interessant & Wissenswert

Zeit ist unser wichtigstes Gut. Kürzlich kam eine Patientin zu mir, die sich selbst unendlich leid tat, weil sie als Sozialhilfeempfängerin so wenig Geld hatte. Sie beklagte, was sie sich alles nicht leisten konnte, und zählte es immer wieder auf.

Nach einiger Zeit machte ich ihr klar, dass sie eigentlich Millionärin sei. Daraufhin sah sie mich ganz erstaunt an. „Zeitmillionärin", präzisierte ich. Ihr Gesicht entspannte sich, weil sie das so noch nie gesehen hatte. In der nächsten Therapiesitzung berichtete sie mir ganz begeistert, was sie inzwischen alles unternommen hatte, statt zu Hause zu sitzen und sich zu bedauern.

Mit der einen Freundin hatte sie ein Picknick gemacht, mit der anderen eine Fahrradtour, mit einer ehemaligen Kollegin begann sie gemeinsam zu malen, plötzlich wurde sie sich zunehmend der Fähigkeiten bewusst, die immer noch in ihr steckten, und sie sah sich nicht weiter als Verliererin.

Mit dem wachsenden Interesse an der Umgebung sah sie zunehmend auch wieder mehr Möglichkeiten, sich ins Leben zu integrieren. Schließlich fand sie auf diese Weise sogar wieder einen Job, der ihr gefiel.

Zeit ist etwas Wertvolles. Das ist uns nur nicht bewusst, weil sie scheinbar nichts kostet.

### Mein eigenes Beispiel

Als ich mich mit einer Praxis niedergelassen hatte, arbeitete ich nach kurzer Zeit zehn bis zwölf Stunden am Tag. Eines Tages hielt ich plötzlich inne und begann über die Frage nachzudenken, ob ich ein Angebot von einer Million Euro annehmen würde, wenn ich dafür zehn Jahre meines Lebens abgeben müsste. Die Antwort war ein klares „Nein", ich begann die Wertigkeiten in meinem Leben neu zu ordnen, und alles veränderte sich von Grund auf. Natürlich gibt es auch Menschen, die diese Frage mit „Ja" beantworten würden, doch dann verwandelt sich der negative in einen positiven Stress, weil das Ziel ja unbedingt erreicht werden will.

### Achten Sie auf Ihre Zeit

Trotzdem sollte man in jedem Fall die Möglichkeit nutzen, aus der Eindimensionalität Zeit = Geld auszusteigen, weil sonst vieles im Leben ausgeblendet wird, was das Leben erst lebenswert macht. „Die Arbeit wartet, während du dem Kind einen Regenbogen zeigst, aber der Regenbogen wartet nicht", sagte Paul Heyse einmal.

Was macht eigentlich Ihr „Regenbogen" in der letzten Zeit?

## Was Sie noch tun können – eine Geschichte

**„Wenn ich mein Leben noch einmal leben könnte ..."**
(Nadine Stair, 85 Jahre, Kentucky/USA)

„Wenn ich mein Leben noch einmal von vorne beginnen könnte, dann würde ich beim nächsten Mal riskieren, mehr Fehler zu machen. Ich würde die Reise entspannter, flexibler und unbekümmerter antreten. Ich würde weniger Dinge ernst nehmen. Ich würde mehr Chancen ergreifen, mehr Reisen unternehmen, mehr Berge besteigen und mehr Flüsse durchschwimmen. Ich würde mehr Eis essen und weniger Bohnen. Ich hätte vielleicht mehr echte Probleme, aber weniger eingebildete. Sie sehen, ich gehöre zu jenen Menschen, die vernünftig und besonnen sind, Stunde um Stunde, Tag um Tag.
Oh, in meinem Leben gab es auch Augenblicke, die zählten. Wenn ich nochmals von vorn anfangen könnte, dann hätte ich gern mehr davon. Ich würde sogar versuchen, nichts anderes zu erleben – nur Augenblicke, einen nach dem anderen, statt jeden Tag so viele Jahre im Voraus zu leben. Ich gehöre zu den Leuten, die nirgendwo hingehen ohne Thermometer, Wärmflasche, Regenmantel und Fallschirm. Wenn ich noch einmal die Wahl hätte, dann würde ich mit leichterem Gepäck reisen.
Wenn ich mein Leben noch einmal von vorn beginnen könnte, dann würde ich im Frühling früher barfuss gehen und im Herbst erst später die Schuhe hervorholen. Ich würde mehr Tanzveranstaltungen besuchen, mit mehr Karussells fahren, mehr Gänseblümchen pflücken."

Denken Sie noch einmal daran: Der Einzige, der Ihnen Stress macht, sind Sie selbst.

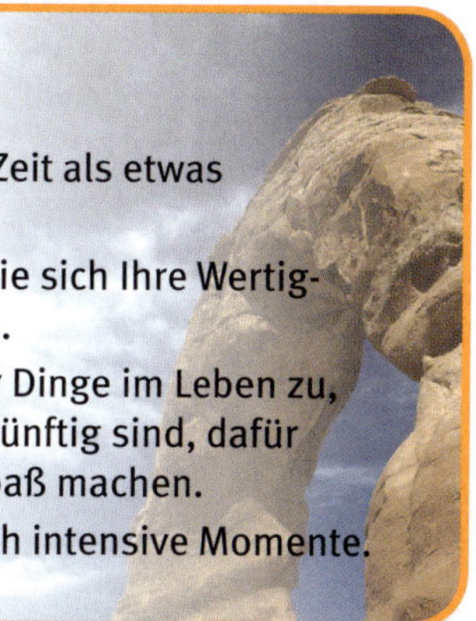

### Basics

- Betrachten Sie Zeit als etwas Kostbares.
- Verdeutlichen Sie sich Ihre Wertigkeiten im Leben.
- Lassen Sie öfter Dinge im Leben zu, die zwar unvernünftig sind, dafür aber wirklich Spaß machen.
- Erlauben Sie sich intensive Momente.

# Zukunftsvisionen

Erdrücken Sie der Stress und der tägliche Kleinkram? Dann wird es Zeit, endlich umzuschalten und Visionen zu entwickeln. Eine Vision ist ein Bild von unserer Zukunft, für das wir uns begeistern können. Sie verhilft uns zu Klarheit und richtungweisendem Denken und Handeln. Dabei kann Stress durchaus ein positiver Begleiter sein. Haben Sie bereits eine Vision? Dann packen Sie sie an! Sind Sie an einem Punkt angelangt, den Sie sich schon immer erträumt haben? Dann überlegen Sie sich etwas Neues, streben Sie ein noch höheres Ziel an!

## Übung 1 – Der Zeit voraus

Überlegen Sie, was Ihre drei wichtigsten Wünsche sind. Bei dieser Übung geht es darum, das Schicksal Ihres Lebens jeden Tag wieder selbst mehr zu beeinflussen.

1 Nehmen Sie eine entspannte Haltung ein und schließen Sie die Augen.

2 Stellen Sie sich bei geschlossenen Augen vor, dass Sie sich von außen betrachten. Wie sieht Ihre momentane Umgebung aus? Wie sieht der Raum aus, in dem Sie sich gerade befinden? Sie sehen sich selbst mit geschlossenen Augen am Schreibtisch sitzen, Ihre Haarfarbe, Ihre Hände, Ihre Kleidung. Sie hören die Geräusche im Büro. Sie riechen die Luft im Büro. Warten Sie ein wenig, bis das Bild aus dem Hintergrund hervortritt.

3 Nun erfolgt ein kurzer Zeitsprung. Stellen Sie sich vor, ein Jahr ist vergangen, und alles hat sich zum Positiven hin entwickelt. Wo befinden Sie sich etwa in einem Jahr? Wie könnte Ihre Umgebung aussehen? Wie sehen Sie inzwischen aus? Verändern Sie in Gedanken Ihre Umgebung und sich selbst so lange, bis Sie sich innerlich freudig gestimmt fühlen. Welche Menschen treten nun in Ihr Leben? Von wem haben Sie sich verabschiedet? Was riechen Sie in Ihrer Umgebung? Was hat sich alles verändert?

**4** Wieder erfolgt ein Zeitsprung. Drei Jahre sind inzwischen vergangen.
Befinden Sie sich immer noch am gleichen Ort? Sind Sie zufrieden mit sich und dem Leben, das Sie führen? Wieder verändern Sie das Bild so lange, bis Ihnen die Situation gefällt und Sie sich entspannt fühlen.

**5** Stellen Sie sich vor, dass zehn Jahre vergangen sind. Wo sind Sie jetzt?

**6** Jetzt stellen Sie sich vor, Sie sind inzwischen 80 Jahre alt. Wo sind Sie nun?
Was war wichtig in Ihrem Leben?
Was erzählt man über Sie?
Von wem wurden und werden Sie geliebt?
Wen liebten und wen lieben Sie?
Welchen Traum haben Sie sich erfüllt?
Was könnte die größte positive Überraschung gewesen sein?

## Übung 2 – die Bühne des Lebens

**1** Nehmen Sie sich fünf Minuten Zeit und ein Blatt Papier. Dieses Blatt ist jetzt die Bühne Ihres Lebens. Malen Sie alles auf, was Ihnen wichtig erscheint, bis Ihnen nichts mehr einfällt.

**2** Und nun nehmen Sie ein zweites Blatt Papier. Auf dieses malen Sie Ihr „Wunschleben“. So soll Ihr Leben aussehen, wenn Sie glücklich und zufrieden sind.

**3** Jetzt können Sie die Unterschiede vergleichen. Haben Sie etwas „abgelegt“?
Spielt etwas plötzlich keine Rolle mehr, von dem Sie eigentlich glaubten, dass es wichtig für Sie wäre?
Ist etwas Wichtiges neu hinzugekommen?
Ist die Verteilung plötzlich ganz anders?

Dieses Blatt wird in Zukunft Ihr Kompass sein. Orientieren Sie sich daran, wenn Sie Aktionen planen und durchführen.

### Der Mensch braucht Träume

„Ein Traum ist unerlässlich, wenn man die Zukunft gestalten will“, sagte schon Victor Hugo. Nehmen Sie sich das zu Herzen. Ihr Leben wird mehr Sinn machen, wenn Sie ein Ziel verfolgen. Lassen Sie sich nicht dieses tiefe Gefühl der Zufriedenheit und des Erfolges nehmen, wenn Sie etwas erreicht haben!

## Interessant & Wissenswert

Visionen verbessern unsere gesamte Lebenssituation, indem sie uns eine gewollte Zukunft vor Augen führen und damit das Bedürfnis erzeugen, sich dafür einzusetzen. Andernfalls verlieren wir uns in täglichem Kleinkram.

Dazu möchte ich Ihnen die folgende Anekdote erzählen:
Ein alter französischer Hochschulprofessor stellte einmal einen Krug auf den Tisch und füllte ihn randvoll mit Steinen. Er fragte seine Studenten: „Ist dieser Krug voll?“ Sie antworteten „Ja“. Dann fügte er langsam Kieselsteine dazu und fragte wieder: „Ist er jetzt voll?“ Niemand antwortete. Ein Student sagte: „Nein.“ „Richtig“, antwortete der Professor und schüttete Sand darauf, der langsam einsickerte. Wieder fragte der Professor: „Ist der Krug voll?“ „Nein“, antworteten alle Studenten. „Richtig“, antwortete der Professor. Er schüttete noch Wasser dazu, und es sickerte langsam zwischen den Sand. „Nun ist er voll“, sagte der Professor. „Und was lernen wir daraus?“ „Dass immer noch etwas in den vollen Terminkalender passt“, antwortete ein Student. „Falsch“, antwortete der Professor. Die wirkliche Lehre ist: „Man muss zuerst die großen Steine in den Krug bringen, sonst passen sie später nicht mehr hinein“.
In diesem Sinne wünsche ich Ihnen, dass Sie es schaffen, den großen Wünschen und Ideen in Ihrem Leben die richtige Vision zu geben.

## Was Sie noch tun können

Betrachten Sie einmal genau die Situation, in der Sie sich gerade befinden. Sind Sie zufrieden mit der Welt und mit Ihrem Platz darin?
Oder gibt es den inneren Wunsch, noch mehr aus Ihrem Leben zu machen?
Falls ja, empfehle ich Ihnen die folgende Vorgehensweise.

### Betrachten Sie Ihr Tun in einem größeren Zusammenhang

Mit einer Vision werden Sie Ihre täglichen Aufgaben künftig leichter bewältigen. Das illustriert das Beispiel vom Steinmetz. Täglich saß er in gebückter Haltung vor dem Dom und behaute Steine. Ein Passant fragte ihn: „Wie schaffen Sie es bei dieser schweren und harten Arbeit, tagein, tagaus Steine zu behauen, so begeistert und glücklich zu sein?“ Der Steinmetz antwortete ihm: „Was heißt hier Steine behauen? Ich wirke mit, einen Dom zu Ehren Gottes zu bauen – was gibt es Schöneres?“

### Malen Sie sich ein Zukunftsbild aus

Wissen Sie, wohin führt Sie der Navigator Ihres Lebens führt? Überlegen Sie sich, was Ihre Vision im Leben ist und was Sie tun müssen, um diese zu erreichen. Denn nur wenn der Navigator genau eingestellt ist, kann er Sie auch ans Ziel bringen.

Eine Vision kann man nicht analytisch entwickeln, denn Analysieren bedeutet, etwas zu zerlegen oder zu zergliedern. Visionäres Denken benötigt den gegenläufigen Prozess. Es geht dabei darum, etwas zu bauen oder zu gestalten und Bilder von der Zukunft zu entwickeln. Man kann diese visionären Fähigkeiten auch üben. Dazu wird die rechte Hirnhemisphäre trainiert. Hier ist das kreative und ganzheitliche Denken in Bildern lokalisiert. Meditationen bieten einen guten Zugang zu dieser Hirnhälfte und helfen uns dadurch, die vertraute Wirklichkeit zu verlassen, um uns das Tor zu inneren Zukunftswelten zu öffnen. Diese verknüpfen wir gedanklich mit Handlungen. Indem wir sie dann umsetzen, bleiben sie nicht nur in unserer inneren Welt, sondern werden wieder zur äußeren Wirklichkeit.

### Lassen Sie sich nicht entmutigen

Die Entwicklung vieler Patienten in meiner Praxis hat mir gezeigt, dass man bei einer Neuausrichtung seines Lebens nicht verliert, sondern gewinnt. Ist man auf dem richtigen Weg, rollt der Lebenszug plötzlich dahin, ist er jedoch in die falsche Richtung unterwegs, so türmt sich ein Hindernis nach dem anderen auf, und man ist nur noch gestresst. Hat man aber den Mut, sein Leben wieder in die richtige Bahn zu lenken, so kommt es nach einer kurzen und heftigen Frustration zu einem grundlegenden Befreiungsgefühl, das man nicht mehr missen möchte.

Machen Sie sich klar, dass Sie nur von diesem einen Leben ganz sicher wissen, dass Sie es haben, und es viel zu schade ist, um vergeudet zu werden.

**Basics**

- Betrachten Sie Ihr Leben und Ihr Tun in einem größeren Zusammenhang.
- Verlieren Sie sich nicht in Kleinkram.
- Malen Sie sich die Zukunft aus.
- Lassen Sie sich nicht von Ihrem Weg abbringen.

# Erfolgreich sein

Für jeden Menschen bedeutet Erfolg etwas anderes, denn jeder hat ganz persönliche Ziele im Leben. Aber für alle gemeinsam gilt, dass Erfolg mit der Vorstellung von Erfolg beginnt. Der Schlüssel dazu liegt in uns selbst, im eigenen Unbewussten. Dort hat unser innerer Sieger seinen Sitz, wir müssen ihn nur aktivieren. Mit ihm fühlen wir uns selbstbewusst und sind sicher, dass sich der Erfolg einstellen wird. Wir fühlen uns dann so stark, dass wir auch die auftauchenden Hindernisse überwinden und über uns hinauswachsen, genau in den Bereichen, die für uns wichtig sind.

## Übung – der Brückenschlag in die Zukunft

Ich möchte Ihnen eine Methode vorstellen, mit der es Ihnen leichter fällt, Erfolg im Leben zu haben. Sie nennt sich „future pacing" („die Zukunft durchschreiten") und wird in der Hypnosetherapie angewendet. Man versetzt sich dabei zunächst in einen Trancezustand und dann in die Zukunft, stellt sich vor, wie man einen großen persönlichen Erfolg bereits errungen hat, und überlegt, wie es dazu kam. Als Hilfe kann man den inneren Sieger aktivieren.

1 Nehmen Sie eine entspannte Körperhaltung ein und schließen Sie die Augen. Spüren Sie die Schwere Ihres Körpers und seine Wärme im Bauchraum. Diese Wärme breitet sich im gesamten Bauchraum aus.

2 Atmen Sie ruhig und gleichmäßig dreimal tief ein und aus. Mit jedem Ausatmen kommen Sie tiefer und tiefer in einen Entspannungszustand.

3 Nun sagen Sie zu sich selbst: „Ich bin erfolgreich".

4 Erinnern Sie sich an eines Ihrer früheren Erfolgserlebnisse. Wie ging es Ihnen? Versuchen Sie sich möglichst genau in die damalige Gefühlswelt hineinzuversetzen.

**5** Jetzt bewegen Sie sich in die Zukunft, in eine neue Lebenssituation. Stellen Sie sich vor, Sie öffnen ein Tor in die Zukunft und gehen hindurch. Hier haben Sie bereits einen neuen Erfolg errungen. Es geht Ihnen gut, wieder taucht dieses angenehme Erfolgsgefühl auf, das Sie bereits aus der Erinnerung kennen. Sie fühlen sich rundum als ein erfolgreicher Mensch, zu Hause und in der Arbeit. Ihre negativen Emotionen und Überzeugungen haben Sie hinter dem Tor gelassen.

**6** Blicken Sie sich um. Was sehen Ihre Augen? Bewegen Sie sich anders als bisher? Wie bewegen Sie sich genau? Welche Worte wählen Sie?

**7** Sie sehen ein Symbol für eine universale Unterstützung, egal, ob Sie diese Gott oder Universum nennen möchten. Sie fühlen sich aufgehoben und geborgen, die Atmosphäre um Sie herum füllt sich mit dieser Energie.

**8** Die Menschen verhalten sich anders gegenüber Ihnen. Sie freuen sich über die Fähigkeiten, die es Ihnen ermöglichen, Ihre Gedanken umzusetzen, und sind dankbar dafür. Wie fühlt sich das für Sie an?

**9** Und nun gehen Sie langsam in der Zeit wieder rückwärts: Was war der erste Schritt, den Sie tun mussten, um so erfolgreich zu sein? Verschiedene Ideen tauchen auf. Wenn Sie achtsam damit umgehen, werden es mehr.

**10** Was war der zweite Schritt, um erfolgreich zu sein? Welche Unterstützung hat Ihnen dabei geholfen?

**11** Welches Potenzial in Ihnen führt Sie zum Erfolg? Sind Sie dankbar dafür?

Nun kehren Sie in die Wirklichkeit zurück, blicken sich wieder im Raum um und schauen auf das Datum. Sind Sie bereit für den nächsten Schritt? Wenn ja, dann folgt die Übung auf Seite 90.

### Frühere Erfolge nutzen

Versuchen Sie sich an Ihre früheren Erfolge zu erinnern. Nehmen Sie dazu ein Blatt Papier und schreiben Sie fünf Erfolge auf, bei denen Sie hinterher so richtig tief befriedigt waren. Nun denken Sie an die Aufgabe, die vor Ihnen liegt. Fällt es Ihnen bereits leichter, daran zu denken?

## Interessant & Wissenswert

Ein kleines Samenkorn trägt in sich das riesige genetische Potenzial, ein mächtiger Baum zu werden. Auch wir wurden mit der genetischen Ausstattung zum Erfolg geboren.
Worauf wir uns am meisten konzentrieren, das fängt nach einigen „Prüfungen" an zu wachsen und zu gedeihen. Entdecken Sie den „Baum in sich", indem Sie ihn mit guter Energie versorgen. Aus Ihren Gedanken resultieren die passenden Handlungen und diese führen zu den entsprechenden Ergebnissen.

## Was Sie noch tun können

### Loslassen, entspannen und sich ausrichten

An jede Herausforderung sollte man mit der Einstellung „alles kann, nichts muss ..." herangehen, sonst wird man zu verkrampft und lässt sich schnell von eventuellen Misserfolgen entmutigen. Und die können auftreten, ob wir wollen oder nicht. Aber sie können auch als Herausforderungen begriffen und überwunden werden. Wichtig ist, dass man sein Ziel im Kopf hat und sich nicht entmutigen lässt. So entwickeln Sie auch eine positive Einstellung zu sich selbst und den eigenen Schwächen und Stärken. Ihre Gedanken werden sich zunehmend auf der Verhaltensebene materialisieren. Auf diese Weise können Sie Ihr Potenzial bis an die Grenzen des Möglichen entwickeln.

### Setzen Sie die richtigen Ziele

Überprüfen Sie zwischendurch immer wieder, ob Sie den Erfolg nur des Erfolges willen haben möchten oder ob Sie Ihren Lebensnavigator genau auf Ihre persönlichen Ziele ausgerichtet haben. Nur klare, eigene Ziele sichern Ihnen Lebensqualität. Und sie müssen erreichbar und überprüfbar sein.

### Verpacken Sie Ihre Ziele in ein Bild

Durch unsere Fantasie und unser Vorstellungsvermögen sind wir in der Lage, uns Ziele so realistisch auszumalen, dass unser Unterbewusstsein sie zunehmend als real akzeptiert.
Jemand, der abnehmen möchte, kann sich beispielsweise vorstellen, wie er hinterher aussieht. Außerdem kann er sich vorstellen, wie er Süßigkeiten ablehnt oder wie er Freude an einem Lieblingssport gefunden hat. Er wird viel überzeugter sein, das Ziel zu erreichen, weil er das Endergebnis schon einmal vor seinem inneren Auge gesehen hat.

Malen Sie sich nun aus, wie es für Sie sein wird, wenn Sie den angestrebten Erfolg bereits erreicht haben. Wie wirkt sich das aus? Was ändert sich dadurch in Ihrem Leben?
Plötzlich wird mit dieser Denkweise der Alltagskleinkram nicht mehr so wichtig. Er muss zwar erledigt werden, aber er bestimmt nicht mehr Ihr gesamtes Leben. Perspektiven werden wichtiger, eine Umorientierung findet im Gehirn statt.

### Stimmen Sie sich positiv ein

Die meisten erfolgreichen Menschen ähneln sich in ihrer Art zu denken. Sie haben die feste innere Überzeugung, erfolgreich zu sein, und es scheint fast so, als würden sich diese Gedanken in der Wirklichkeit widerspiegeln. Wer positiv denkt, der verfügt zunächst einmal automatisch über erfolgsfördernde Faktoren wie Charisma, Mut, Stärke und Zuversicht. Im Prinzip wirkt das positive erfolgsverstärkende Denken wie eine Erfolgshypnose.

### Handeln Sie entschlossen

Wenn Sie nur positiv denken, verschenken Sie die Hälfte Ihres Antriebspotenzials. Außerdem braucht das Gehirn eine genaue Handlungsanweisung. Wissenschaftliche Forschungen haben ergeben, dass Veränderungen im Gehirn nur durch Handlungsabläufe, die entweder in der Vorstellung oder in Wirklichkeit stattfinden, einsetzen.

### Die 72er-Regel

Träumen Sie also nicht nur von Ihrem Erfolg, sondern handeln Sie auch danach. Nachdem Sie sich die Handlungsabläufe vorgestellt haben, sollten Sie innerhalb von 72 Stunden nach Ihrem Entschluss, das Ziel zu erreichen, den ersten Schritt in dieser Richtung tun, sonst verpufft die Wirkung.
Führen Sie ein kleines Erfolgstagebuch, um Ihre Erfolge auch zu dokumentieren und nachverfolgen zu können.

**Basics**

- Lernen Sie, die eigenen Gedanken und Gefühle zielgerichtet zu steuern.
- Lernen Sie, Rückschläge als Herausforderung zu betrachten.
- Bleiben Sie konzentriert im Hier und Jetzt
- Lösen Sie mentale Blockaden durch neue Glaubenssätze.
- Fühlen Sie sich als Sieger.

# Sich glücklich fühlen

Was wäre ein Antistresscoach, ohne die Dimension des Glückes einzubeziehen? Glück ist Lebendigkeit. Ohne Glück würde über kurz oder lang das Leben gar keinen Sinn ergeben. Wir wären nur noch gestresst und unzufrieden. Dabei bedeutet Glück für jeden etwas anderes. Der eine empfindet Glück, wenn er verträumt unter einem Baum sitzen kann, der andere, wenn er im größten Trubel mit seiner Freundin eingehakt spazieren geht, der dritte, wenn er einen großen Erfolg errungen hat.
Ursprünglich sind wir in unserem Leben selbstbewusst, sinnlich, offen und effektiv. Durch einen geeigneten Meditationstext können wir uns diesem Zustand wieder annähern.

## Übung – Meditationstext für ein glückliches Leben

Zum Abschluss möchte ich Ihnen einen Meditationstext zum Glücklichsein mit auf den Weg geben. Gönnen Sie sich immer wieder zwischendurch in Ihrem Leben eine kleine Pause, entspannen Sie sich, lehnen Sie sich zurück und gehen Sie in Gedanken diesen Text durch. Danach denken Sie daran, wo sich das Glück bereits in Ihrem Leben eingenistet hat und „düngen" diese Stelle ein bisschen.

1 Nehmen Sie eine entspannte Körperhaltung ein. Atmen Sie ruhig ein und langsam wieder aus, bis Sie das Gefühl bekommen, dass Sie auch innerlich ruhig geworden sind.

2 Lesen Sie den nachfolgenden Text:
Ich weiß, dass ich am richtigen Platz zur richtigen Zeit bin, das Richtige tue und das Richtige denke. Ich fühle mich auf diesem Weg verbunden mit den Kräften des Universums. In meiner Welt bin ich für alles gerüstet und gut aufgehoben.
Und ich bin offen für die glücklichen Momente in meinem Leben. Ich lasse sie zu und beginne damit, mich wieder an den vielen Kleinigkeiten zu erfreuen.
Wie im Kleinen, so im Großen: Indem ich mich an den kleinen fröhlichen Momenten zunehmend

mehr erfreuen kann, öffne ich auch die Möglichkeiten für die größeren Glücksfälle. Dafür öffne ich mich und werde sie auch wahrnehmen. Mein Leben wird damit sinnvoller, erfüllter und einfach schöner.

Ich verbinde mich mit den kreativen Kräften des Universums und erfreue mich dadurch an meiner Arbeit.

Liebevoll lasse ich Beziehungen zu, die mir Gutes tun, und löse mich innerlich von den anderen Menschen.

Alle Möglichkeiten, die in mir schlummern, achte ich und werde ich zulassen. Dadurch wachse ich über mich hinaus.

Ich lebe gerne mit meinem Körper und ich sorge für ihn.

Negativen Stress lasse ich vorbeifließen, positiven Stress nutze ich gewinnbringend.

Ich bin ein wundervoller, einzigartiger Mensch und habe mein Glück verdient.

Vor meinem geistigen Auge lasse ich ein großes Tor entstehen. Es ist wunderschön gearbeitet. Genau betrachte ich die Einzelheiten. Einmal täglich stelle ich mir vor, dass sich die Türflügel langsam öffnen. Ich gehe hindurch. Dadurch gehe ich auf mein Glück zu, was immer es bedeuten mag. Ich werde es annehmen.

### Glücksstrategien

Besondere Tipps, die dem Glück auf die Sprünge helfen:

- Erleben Sie viele Glücksmomente, indem Sie ganz bewusst Situationen schaffen, in denen Sie glücklich sind.
- Sorgen Sie dafür, dass ausreichend Glückshormone durch Bewegung und Liebe freigesetzt werden.
- Pflegen Sie Ihre Beziehungen.
- Suchen Sie sich lohnende Ziele. Die Vorfreude schüttet bereits Glücksbotenstoffe aus.
- Sorgen Sie für Abwechslung. Schokoladentorte schmeckt zwar gut, aber wenn man sie täglich essen müsste, würde sie zur Qual werden.

### Ruhemomente genießen

Gönnen Sie sich zwischendurch immer wieder mal Mußestunden, statt sich immerzu in die Pflicht zu nehmen. Lassen Sie Ihre Seele zwischendurch mal baumeln, sie wird es Ihnen danken. Genießen Sie diese kleinen Momente, wann immer Sie können.

## Interessant & Wissenswert

Wie entsteht Glück? Wie können wir zu unserem Glück beitragen? Kann man das Glück planen? Gibt es sogar eine Glücksformel?

Sicher ist: Glück haben und sich glücklich fühlen sind zwei vollkommen unterschiedliche Aspekte. Man erbt zum Beispiel viel Geld und ist vielleicht trotzdem nicht glücklich.
Andersherum betrachtet man die Blumen in seinem Garten, seinen Partner oder sein Kind und ist einfach glücklich, ohne dass etwas Besonderes passiert ist.
Die äußeren Umstände sind keine Garantie für Glück, es ist eher ein innerer besonderer Zustand: Man fühlt sich entspannt und gleichzeitig engagiert.

Egal, ob man gerade Klavier spielt, ein Bild malt oder auf einen Berg klettert, die Aktivität sollte weder zu leicht sein, denn dann löst sie Langeweile aus, noch zu schwer, denn beides führt zu Stress. Und das Gegenteil von Stress heißt „Flow“, so benannt von dem ungarischen Psychologieprofessor und Glücksforscher Miklós Csikszentmihalyi.

Der Zustand des Flow ist für jeden erreichbar, unabhängig von Geld, sozialem Status, Alter und Beruf. An der Harvard Universität bestätigten die wissenschaftlichen Forschungen von Professor Daniel Gilbert, dass sich nach einem Karrieresprung das Gefühlsbarometer bald wieder auf dem alten Niveau einpendelt.

Aber auch Beziehungen sind entscheidend für das eigene Glücksempfinden. Sind sie nicht zufriedenstellend, wird man immer innerlich ein wenig unruhig und getrieben sein. Man fühlt sich dann nicht ausreichend gehalten in dieser Welt und versucht, dies durch Aktivität oder das Gegenteil auszugleichen. Indem Sie Ihre Beziehungen wieder pflegen, ohne im Gegenzug viel zu erwarten, werden Sie sich zunehmend glücklicher fühlen. Das sollte man aber nur bei Menschen tun, mit denen das Bauchgefühl auch einverstanden ist. Dann kann man sich aneinander erfreuen, und das ist ein wesentlicher Moment des Glücks.

Glück ist aber kein Dauerzustand, darin unterscheidet es sich von der Zufriedenheit. Deshalb sollte man besonders achtsam nach den Glücksmomenten Ausschau halten, statt vielleicht vor lauter Stress daran vorbeizueilen. Ist man offen und bereit für das Glück und glaubt daran, wird es sich auch auf längere Sicht einstellen. Aber nur wenn man daran glaubt. Dann kann man die Straße entlanggehen, und plötzlich sieht die Welt ganz anders aus. Ich wünsche Ihnen viel Glück dabei!

Glücklich sein kann jeder lernen, denn wie das geht, kann man sich von den Kindern abschauen. Sie sind ganz im Moment präsent und können sich über Kleinigkeiten riesig freuen. Ebenso merkt man ihnen auch an, dass Glück kein Dauerzustand ist. Es mag den Glücksfall von außen geben, sicherer ist es jedoch, sich selbst aktiv für sein Glück einzusetzen.

Glück ist individuell, jeder stellt sich etwas anderes darunter vor, der eine ein Haus, der andere eine Familie, man wünscht sich, Schauspieler zu werden oder aus einer schwierigen Finanzlage befreit zu werden. Trotzdem gibt es eine Gemeinsamkeit.

Glück finden wir nicht erst am Ende des Weges, sondern rechts und links vom Wegrand. Leben findet immer im Moment statt. Halten wir unsere Augen offen, um rechtzeitig vorbeiziehende Möglichkeiten zu ergreifen. Dabei sollten wir niemals vergessen, wie viel wir eigentlich der gesamten Menschheit verdanken, denn für alles, was uns umgibt, haben Menschen gearbeitet. Es ist auch an uns, etwas zurückzugeben.

**Basics**

Um glücklich und zufrieden zu sein, braucht man drei Dinge:

- Vertrauen zu sich selbst, sonst wird man depressiv.
- Vertrauen in die anderen, sonst wird man einsam.
- Vertrauen ins Universum oder in Gott, sonst hat man Angst vor der Zukunft.

## Ausblick

*Jedes Gefühl, das wir häufig erleben, verankert sich im Gehirn. Wer also die schönen Momente des Lebens intensiv auskostet und in der Erinnerung immer wieder hervorholt, der bahnt sich auch im Gehirn den Weg zum Glück. Ich freue mich, dass ich eine Weile Ihr Reisebegleiter sein durfte, und wünsche Ihnen weitere Glücksmomente. Lassen Sie Fröhlichkeit, Humor und Entspannung zu einem festen Bestandteil in Ihrem Leben werden!*

*Wenn man nicht in sich selbst Ruhe findet,*
*sucht man sie vergeblich anderswo.*
*(François de La Rochefoucauld)*

## Impressum



**Hinweis**
Die Ratschläge und Informationen in diesem Buch sind von Autorin und Verlag sorgfältig erwogen und geprüft, dennoch kann eine Garantie nicht übernommen werden. Eine Haftung der Autorin bzw. des Verlags und seiner Beauftragten für Personen-, Sach- und Vermögensschäden ist ausgeschlossen.

**Über die Autorin**
Delia Grasberger ist Fachärztin für Neurologie und Psychiatrie sowie Fachärztin für psychotherapeutische Medizin und Psychoanalyse. Seit 1993 hat sie eine eigene Praxis in München. Als Mitglied der „Deutschen Gesellschaft für ärztliche Hypnose und Autogenes Training“ setzt sie diese Methoden in der Praxis neben der Tiefenpsychologie und der Psychoanalyse ein.

**Bildnachweis**
Fotos: Getty Images/Photographer's Choice/Wildsmith (U1); PhotoDisc (im Innenteil)

**Zitatquelle**
Leider konnten nicht alle Rechtegeber des Zitates auf Seite 81 ermittelt werden. Der Verlag bittet Personen oder Institutionen, die die Rechte an diesem Zitat haben, sich wegen einer angemessenen Vergütung zu melden. (Übersetzung aus: Anthony Robbins, „Das PowerPrinzip“, Wilhelm Heyne Verlag München, 2003, S.533)

**Projektleitung**
Sonia Naumann, Dr. Harald Kämmerer

**Gesamtproducing & Layout**
DEVOLUTION grafik design, Jürgen Kiermeier, München
Christoph Dirkes, CD design · grafik · konzept, Neuenkirchen / Hannover

**Bildredaktion**
Elisabeth Franz

**Umschlaggestaltung und Konzeption**
Christian M. Weiß und R.M.E Eschlbeck / Kreuzer / Botzenhardt

**Druck und Verarbeitung**
Těšínská tiskárna, a.s, Český Těšín

Printed in the Czech Republic

ISBN 978-3-517-08363-6

9817 2635 4453 6271